夢想零極限

極地超馬選手陳彥博的熱血人生

陳彥博／著

超越自我增訂版

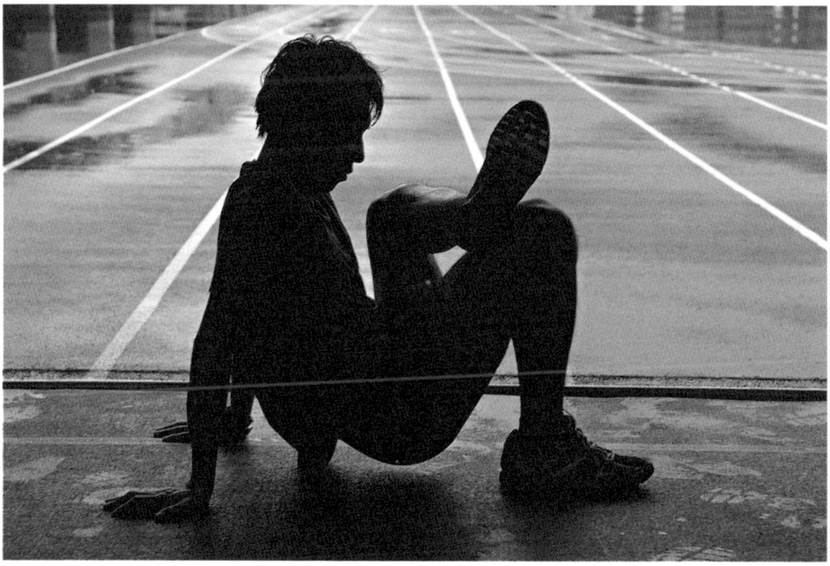

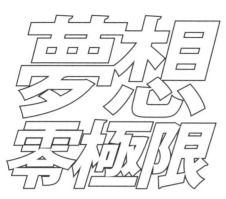

第二篇 告別摯愛

第三篇 世界七大洲八大站超級馬拉松第四站：南非喀拉哈里沙漠 七天二五〇公里超級馬拉松賽

第四篇 ▼

世界七大洲八大站超級馬拉松第五站：南美洲巴西一七〇公里 non-stop 超級馬拉松賽

新版序

十年如一日的堅持

再度拿起這本書，沒想到我真的一路堅持下來，而這一堅持，就是「十年」。現在我依然繼續全心全意在極地超馬冒險的領域狂熱著，從來沒有改變過初衷。

這一路跑來，回顧十年的刻骨銘心，那不斷為夢想奮鬥的日子，單純只投入在一件熱愛的事情，當我滿懷熱情向許多人訴說夢想，周遭的人總是不斷告訴我不要再跑了，該為未來打算、為生活打算，透過每雙眼睛、許多眼神的交會，幾乎沒有人會相信我能辦到。

我們都在為生活打拚，追求更好的生活，付出就希望有立即的利益回饋與回報。慢慢的，我們忘了理想，忘了曾經觸及我們心裡的感動，忘了那個真實的自己。

信念到底有多重要？夢想如何能讓人不顧一切，只為了追逐內心渴望的自由？那種狂熱、那種浪漫，會讓人無法自拔；那種痛苦、那種煎熬，到底該如何堅持下來？沒有等值的回饋與回報，只有不斷的付出與投入。

我永遠記得，甚至到現在都是，每個夜晚當我閉上眼，想到前往極地挑戰的夢想，都會讓我興奮難眠。想像著自己用雙腳看見世界的未來、看見心中美麗的願景，這一切只需要不斷相信，為未來的夢想不斷用力做夢，並立即產生行動力。

在這一秒，就是現在！出發！現在就重新開始！

是，我有過低潮，咽喉癌手術、熱衷竭錯失冠軍、摔過最愛的跑鞋，甚至再也不想跑步，直到前往聖母峰訓練時，我與雪巴人跑在一起，沒有壓力在山中快樂地大笑大叫，才記起，第一次穿上爸爸買給的我跑鞋，興奮地奔跑在雲林田野間單純的快樂，那就是初衷。

不計代價，不求回報去做你喜愛的事情，那才是夢想。一步一腳印，我真的已經完成了世界七大洲八大站超級馬拉松賽了，更挑戰了二〇一六年四大極地賽事，同時現在也是「Run For Dream」冒險營總教練兼執行長。

未來，我將繼續準備更大的挑戰，同時，也希望能夠將夢想傳遞下去。

正在研讀準備二〇一九極地超馬賽事的　陳彥博

二〇一九年五月十七日於台北劍潭

作者序

重拾勇氣，突破自我

按下ENTER鍵，在二〇一三年九月十八日凌晨四點五十二分，窗外已是黎明，終於，我完成了第二本著作。

回想起三年前（二〇一〇年）南極超級馬拉松比賽獲得亞軍後返國，我就開始著手準備這本書，沒想到竟然花了三年才寫完。有一度，我曾經不想再打開這個文字檔，也已經覺得寫不下去，光是打開電腦桌面的word檔，就有陣陣的抗拒感。

為什麼？

因為要不斷探索、呼喚內心最深處的情感，將內心深處的思緒整理成片片段落的文字，我覺得我真的做不來，畢竟我不是個善於寫作的人，從小的國文造詣並不特別。所以，這種反覆寫作與抗拒的過程至少歷經了好幾個半年，字數仍僅停留在幾百字範圍內。每次呆坐在電腦螢幕前許久，真的可以體會作家和記者的辛苦。

就這樣一路延宕著，後來，二〇一一年歷經手術開刀，復健，與賽事，二〇一二年也忙於找賽事的贊助，一拖就是兩年。終於，當我完成七大洲八大站的夢想挑戰，下定決心要專注完成這本書，已經是二〇一三年中。

趁著身心休養階段，我打開電腦裡的每一個資料夾，看著比賽時的照片與影片，在深夜時，反覆將自己慢慢拉回到當時跑步的情緒，彷彿通過小叮噹的任意門，進入該場賽事。這才發現，我好快樂！思緒回到跑步的狀態！我在挑戰，使盡全力克服惡劣的大自然環境！儘管身在都市，但是，心靈與血液中湧動的血液，已經再度回到大自然裡，正在跑步！我隻身回到賽事進行時的興奮感，落寞感，沮喪感，與極度想放棄的時刻；澎湃的心情陣陣襲來。

於是，南極馬拉松超馬賽、南非超馬賽、澳洲的熱身賽，與希臘的復健賽，一場場賽事的情境與情緒，再度擁抱著我，浸淫著我，我的情緒進去了，有時候會出不來，感覺似乎時空錯置。

也有時候，我掙扎著進不去，卻又企圖一次次想進入任意門。漸漸的，我發現黑夜是一個通道，總是能讓人進入過去。所以，我總是利用夜深人靜時，企圖進入任意門，如果進去了，就會看見賽事中痛苦與不堪回首的過去，掉入那無盡的深淵。我終於明白，為什麼作家總是要夜深人靜時才能寫得出來？

另一個使我加速在去年九月完成這本書稿的原因是，過程中，我意識到，如果比賽時的心情不以文字釋放出來的話，這份感覺就會慢慢的消失了。

一切都因為：我害怕忘記。

我怕我會忘記自己有過脆弱，有過恐懼，也享受過快樂的每一刻。它是我過往生命中，一段刻骨銘心的記憶，在那個時空，我曾經真實存在。那個時空，彷彿仍在等著我。

比如，我在比賽時，能支撐我們的一定是重要的事情，但這些重要的事其實都已經發生過，是過去式了。正因為它是我曾經歷的一部分，我更不想忘記。

又比方，在比賽時，我常會想：我做過這麼多訓練，我在操場與台灣的山上繞過無數次，也去過國外特訓，我相信自我的嚴謹鍛鍊，我確信我曾經做好準備，而它肯定支撐著我，去完成每場比賽。但是，每當賽況有異，這些事前訓練都不足以幫我支撐下去時；於是，這時候，我會油然想起恩師潘瑞根教練，他是我心靈的歸屬，也是我比賽返國時一定會回去看的人。所以，潘教練成為我意志力的來源，讓我最後終於能克服嚴酷的挑戰，完成比賽。

或是我在大地之母間競賽時，看到許多花蟲鳥獸，或在浩瀚大自然間奔跑跳躍的動物，就使我不禁想起我的好朋友——已故的愛犬皮皮。因為，從皮皮身上，我發現，他不只是一般人以為的動物，他比人類還更具感知性，就是人們所謂的靈性，不管發生什麼事，皮皮總是會陪伴在我身旁，不離不棄。我慢慢了解，用同理心去看待地球上不同的生命，不同物種，你就會看見萬物。皮皮，謝謝！

於是，我不斷逼迫自己，一吋吋進入內心的深處，有不堪回首的過去，有稀疏的淚光、有喜悅、有寂寞……一次次鼓起勇氣憶起這些往事來完成這本著作。

彥博衷心期待，每一位讀者讀完這本書，都能夠體會在極地賽事中所面對的徬徨恐懼，與重拾勇氣突破自我的過程，也許你們不一定了解那生死交關的感受，但從極地超馬中所發生的一切，我認為這就是人生的實相，所謂尋找夢想過程。

感謝教育我的成淵高中潘瑞根教練、國立體育大學張永政教練，還有養育我的爸爸媽媽。

每次出國待了一陣子，想家的思念總是會特別強烈，比完賽回到台灣時，最想念的就是媽媽親手煮的食物，也是回到台灣的第一頓飯，即使是簡單的一碗麵，我都覺得好幸福，因為這頓飯讓我知道，我回家了，爸爸媽媽謝謝您們，您們對我的栽培與照顧，我絕不會忘。

還要感恩過往至今的所有贊助商：兆赫電子、中華電信、富邦金控、台灣三星、歐舒丹、遊戲橘子、賀寶芙、星裕國際（The North Face），感謝你們慨然贊助與支持，讓彥博可以專注在訓練與比賽上，不用為龐大的參賽費用擔憂。

這段日子以來，更感謝啟發我的許多長輩：超馬前輩林義傑的帶領、遊戲橘子執行長劉柏園大哥的鼓勵、Keep Walking夢想資助計畫、帝亞吉歐朱鎮豪總經理訓勉，家樂福公關經理默真姊協助提供冰庫與烤箱場地讓彥博訓練、教育部體育署何卓飛署長、銀河網路互動老貓大哥、青年發展基金會黃德福執行長、作家藍麗娟的指導、職業網球運動員好友謝淑薇、兄弟象球員好友周思齊陪伴……受限於篇幅，無法一一羅列，在此感謝這一路「跑」來，所有支持彥博的長輩與朋友們，彥博真的非常感激你們。

最後，我想對這本書的讀者說：

旅途可以很遙遠，

家，卻是唯一的方向。

正在研讀準備二〇一四極地超馬賽事的　陳彥博

二〇一三年十一月五日於台北劍潭

閃白的光線，厚重的眼皮，
我到底在哪裡？
是生，還是在死亡的國度？
夢想的挑戰之路，要帶我去哪裡？

楔　子

楔子：遺失的記憶

從空中慢慢飄降的小雪花，彷彿無止境似的，慢慢搖曳下來，落在我的頭髮與衣袖上，隨即吹拂冰冷的微風，將我身上的雪花都吹走。

耳邊颼颼的刺耳聲中，突然出現溫暖卻又熟悉的聲音：

「葛格～葛格～汪汪！」

好熟悉，好熟悉好懷念的叫聲，「是誰？誰在叫我?!」

一個小小的身軀，不畏風寒的站在那裡，颳起的風雪讓我看得不太清楚，我感到好快樂，卻又莫名感傷，卻一直想不起這段印象。

「汪汪！葛格！葛格！」

我試著從深雪中奮力向前，想看清楚他的樣子，沉重的腳步，讓我費盡體力，寸步難行，咖啡色的身軀，熟悉的味道，我慢慢靠近，正當快要想起來時，情緒忽然激動得讓我好想大喊出來。剎那間，我睜開雙眼，感覺疲憊不堪。

視線好模糊，閃白閃白的光線，我似乎躺在一張床

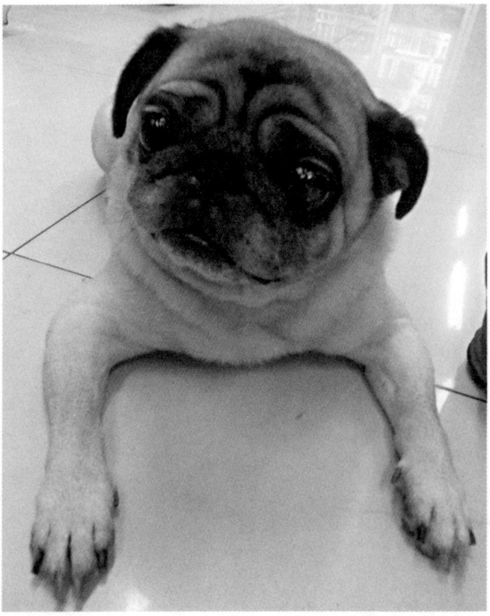

「汪汪～～」好熟悉的叫聲，是誰在呼喚我？

上，莫名暈眩著。天花板是白色的，床邊垂著白色布簾，厚重的眼皮讓我一直無法完全張開雙眼，只能用眼角餘光瞥見周遭。

我的鼻子怎麼還戴著呼吸器？我試著緩慢呼吸，空氣中瀰漫著酒精的味道。由於口乾舌燥，我反射性的吞了口水，但同時卻感到喉嚨有股劇烈刺痛，我無法說話，只能發出啞啞的氣音，這使我開始慌張。一旁的電子儀器頻頻發出「嗶！嗶！」聲，右手有一條長管，連到我頭上方金屬支架懸掛的透明點滴袋中。原來！我現在躺在醫院病床上，到底發生什麼事了？

我試著旋轉頭部看看周遭。在左側沙發上入睡中的人，是媽媽。再看看前方牆壁上的時鐘，二〇一一年六月九日，凌晨兩點四十八分。時間錯亂了嗎？想不起何時進醫院的，應該是南極的賽事完成之後了吧……那之前我在做什麼呢？頭部依舊暈眩，應該是麻醉藥的關係，動動手指頭，左手好像握著東西，緩緩拿起來看，原來是我的極地日記，還夾著和愛犬皮皮唯一的合照。突然忘了在什麼時候買的，也忘了寫過哪些內容。正想翻閱，手指滑過封面，粗粗的觸感讓人忽然想起：我曾經弄丟過這本極地日記啊！

◀下雪了，最美的離別

那是二〇一〇年四月。我才完成北極點馬拉松賽，回到世界最北的城鎮長年城

（Longyearbyen），在晚宴中告別所有的參賽選手及朋友之後，回到旅館打包好行李時已經晚上十二點多，預計於凌晨四點搭機飛回挪威。

好不捨得這裡的一切，收拾完行李，便帶著手電筒走出旅館，想把握在這裡的最後時光。走了約莫十分鐘，我在後方山腰的雪地坐下，由於是高緯度，天空呈現暗藍色；把手伸進羽絨外套，拿出極地日記，嘴巴咬著手電筒就動筆寫下這裡發生的一切。分分秒秒過去，時間緩緩到來，徹夜未眠，有時寫累了，就直接往後躺上雪地，羽絨外套的帽子變成我的枕頭，仰望天空，我深吸一口冷冽空氣，「呼～～」看著嘴裡吐出一團團霧氣，雪中的寧靜與寂靜，使我感到如此美好。這是存在的美好，心靈就像羽毛般，沒有重量的飄著，四處流浪。

也不知道過了多久，在五公里外，有一盞車燈緩緩從市區照耀過來。巴士來接我了，行李全數丟上車後，我回頭看旅館最後一眼才離去。當巴士抵達機場，開始下雪了。旅途中，最美的離別。

登機後，一度因為風雪大太，連機身都在搖晃，為了安全起見，延後二小時才起飛。升空了，機艙內的溫暖，讓我有了陣陣睡意，看著結冰窗外的景色變化，飛越雲層，重新接受美好的陽光。

飛抵挪威後，撐著疲累的身軀入住挪威過境旅館。正當我脫下羽絨外套要拿極地日記時，「嗯……嗯哼……咦？啊！啊！」翻遍外套內層暗袋卻仍尋不著，連忙倒出行李箱

班機因風雪過大而延遲兩小時起飛，卻使我在倉促中遺落寶貴的日記。

和裝備袋裡的全部東西，頓時晴天霹靂：「啊啊啊啊啊啊！天啊！不會吧！完了！完了！我把日記放在飛機前座的置物袋裡了啊！」

我慌張東奔西跑抓頭大喊著，焦急的衝到一樓櫃台，請服務人員幫我打電話到SAS北歐航空詢問。服務人員馬上在電腦上查看，得知方才那班飛機已經飛走了。我焦急的神情讓他們也緊張起來問道：「是非常重要的東西嗎？是護照、電腦還是其他重要的文件？」

「是我的日記，一本小冊子，我放在機上前座置物袋。」我氣喘吁吁說著。

他們眉毛一皺，便問我說：「裡面有現金嗎？或是……」

「不，單純只是日記而已，但裡

頭記錄著我四年來的重要回憶。」我接著說。

知道只是日記後，服務人員都鬆了一口氣，仍持續以電話聯繫航站，但對方卻仍無人接聽。經過數度連繫，最後終於接通了，「我們這裡是過境旅館，有一位房客搭乘SAS北歐航空，剛剛從長年城飛到挪威機場，有一本日記遺留在機上前座置物袋裡，請問是否有找到呢？」服務人員客氣詢問著，我在櫃檯前，心臟加速撲通撲通跳著。過了一會兒，電話那頭有了回音：「抱歉，我們都找過了，並沒有看到任何日記本。」

掛掉電話後，服務人員向我表示：「先生，您別擔心，機上做檢查與清潔時，若發現乘客遺留的物品都會放在機場的遺失保管區，它就在入境大廳最右側，但，不一定保證會找得到。」

我聽了這番話，腦筋一片空白。這本日記對我相當重要，從二〇〇八年出國比賽至今，我都隨身攜帶，許多片刻與深刻的感觸，字字記錄其中。如果日記不見了，我的記憶也會遺失某些部分，那是金錢無法衡量的。

◀遺失的極地日記

隔天我起了大早，提前了兩小時趕赴機場，終於找到了在角落的遺失保管區。我排隊上前，協助的工作人員名叫肯尼，大約四十來歲，有著魁梧身材，棕色頭髮與灰褐色的眼珠。

我提供了航班與護照姓名後，肯尼說：「OK，讓我們來找找看，希望你是幸運的。」接著穿梭在好幾個鐵架與地上灰色籃子中，拿出好幾本冊子給我看，但都不是我的。直到他從籃子底部拿起我那久違的日記本，我眼睛一亮。「沒錯！」

我開心的鼓掌叫好，還對肯尼比了勝利手勢。可能因為狂喜，我還張開雙臂擁抱他，連連道謝。抱著他時我感到很溫暖與舒服，或許是因為他有著大大的啤酒肚吧！

肯尼因我的意外之舉而驚喜，用充滿磁性與關心的聲音說：「很高興能夠為你找到重要的東西，這是我們的榮幸，也是我們該做的。人們總是會遺忘某些事物，但當你願意回來找它，表示一定有你無法放棄與遺忘的理由。」

我緊緊握著他的手，一旁的旅客也接著說：「你很幸運，老兄！我的東西就不見了，無法找回來。」

我為失而復得而感到開心，痴痴笑著。原本它也只是一本白紙，但透過我的手，用各種角度不斷描繪記述的同時，顏料從筆尖流出，接觸白色的紙張之後變成藍色文字。這不單單只是一個動作，而是在文字的串流中，具體解讀心中的自我，裡頭有我原始的，最珍貴的，在極地追夢過程的衝擊，轉變為感情、家人、朋友，與記憶。這本日記所記錄的，是我生命的一切。

我很慶幸並沒有遺失這本極地日記。但是，對於躺在病床上動彈不得的我來說，看見手上握著這本日記，感到很訝異。我的時間感似乎錯亂了，頭暈目眩，眼皮依然好重，我完全不想思考，只想閉上眼睛繼續睡覺，我再次快速墜入夢境……

「陳彥博！早上幫你量一下血壓喔，等等記得吃藥。」

我從沉睡中被叫醒，窗外的陽光好刺眼，眼睛半瞇著無法張開。

「心跳四十七，血壓一一二／八〇，正常喔，昨天晚上有睡好嗎？」護士問。

「有……」我邊打哈欠，半醒著回答。

護士離去後，媽媽正在整理包包，問道：「主治醫師說今天要吃清淡一點，明天要開刀，媽媽等等去幫你買粥好不好？」

「喔，沒關係都可以，我不挑食。」我說完，感覺全身無力，看著牆壁上的時鐘，是二〇一一年六月九日上午七點十八分。我感覺喉嚨乾得有點疼痛，就喝了杯水。天啊！以水潤喉的感覺真好！

迷糊中，我又拿起日記翻閱，那張與皮皮的合照掉了出來，我隨口問媽媽：「皮皮呢？皮皮在家等我回去嗎？」媽媽先是沉默了幾秒，才又說：「皮皮……皮皮在家裡休息啊，等你趕快好起來，就可以回家看他了。」說完便匆匆出去買早餐。

我感覺似乎好久沒有見到皮皮了，好想趕快再抱抱他。每凡我出發去

在每個重要時刻，皮皮總是伴我度過。

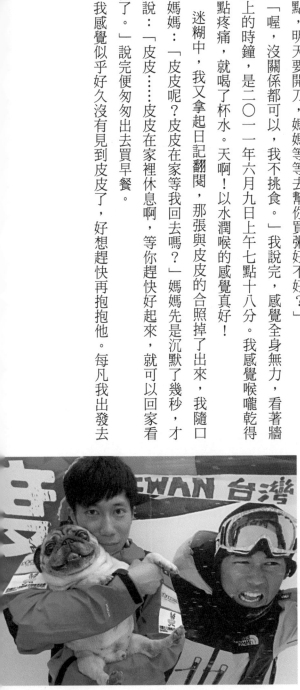

比賽之前，皮皮總是知道我要出遠門，都會一直在我身旁跟前跟後，甚至坐在旁邊陪我收拾行李與裝備到三更半夜；我回想著皮皮，也想起南極的比賽……

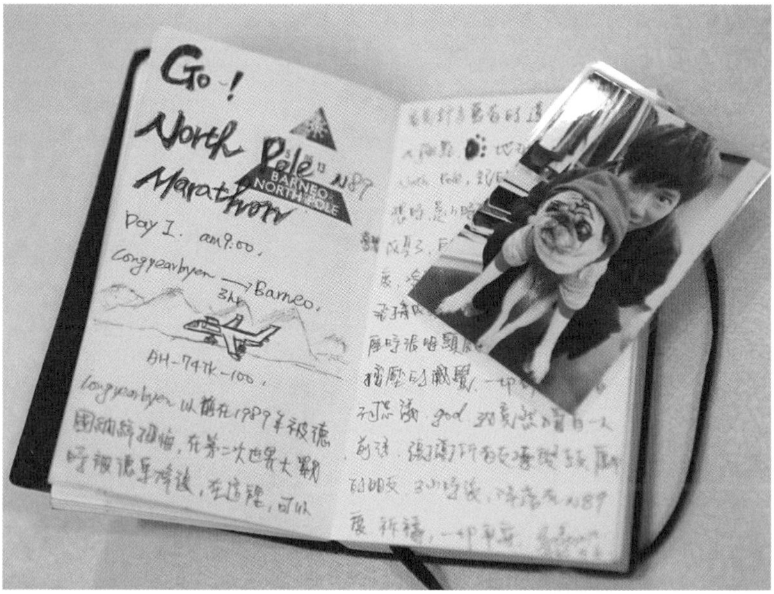

你沒有記憶的來到這世上，
來不及感受到迎接生命的喜悅，
卻，可以隨著歲月累積，
身體老化感受到死亡。
如何在還擁有心跳的身軀裡，
再次去體會生命的脈動與感動？

▶ 第一篇

世界七大洲八大站超級馬拉松第三站：
南極洲 100 公里挑戰賽

01 真心發願，全世界都會幫你

二〇一〇年八月一日，南極賽事前四個月。

每天早上六點鐘起床，睜開眼就開始訓練，接著找贊助、寫企劃書、翻譯南極資料、訂購國外裝備、訂國外旅館、申請簽證，還要準備十月的出國移地訓練。

不巧的是，家裡已經無法容納我多年累積的物品，每間房逐漸被我的訓練裝備擠爆，愈來愈凌亂，為了往後的居住品質起見，媽媽決定整修住家。我這才體會到：搬家，工程浩大，要把全家居住四十多年的物品整理、分類、清空，搬到樓下暫租的公寓，需要耗費相當多時間與精力。

我忙著準備比賽與搬家，卻還同時趕寫我的第一本書，《零下40度的勇氣》，距離交稿日迫在眉睫，進度仍有一大段差距。工作幾乎滿檔，沒有一刻能停下來休息。我總是熬夜到半夜三、四點，直到體力耗盡爬上床閉眼。而沒日沒夜瘋狂忙碌的日子裡，我飽受前所未有的精神壓力，至少是北極點比賽前的四倍壓力。繁雜的事情壓得我喘不過氣，然而我知道，我已經沒多少時間了⋯⋯

我開始有時會頭痛，彷彿缺氧般，也覺得煩躁，而皮皮似乎總是能讀出我的心思，每當情緒按捺不住時，皮皮總是會將兩隻前掌放在我腿上，搖搖尾巴，抓抓我的手，然後以人類無法抗拒的無辜眼神閃閃的看著我，示意要我摸摸他的頭與搔癢。我馬上就能從煩躁的情緒抽離回到當下，和皮皮玩起角力，或是和皮皮去散步透氣。皮皮好像真的能夠了解我的心情，只是，他沒有辦法和我說話。

時間來到南極馬拉松賽前兩個月。

恩師潘瑞根教練來電，說是身體不適，要住院檢查三天。由於潘教練先前心臟裝了三根支架，我有些擔心，但仍馬上為老師加油打氣：「老師不用擔心，彥博都有時間，您住院這三天，我都可以陪老師，沒有問題的！」

赴南極比賽前事務繁忙，連家也需要整修，我忙碌之餘，也挑起搬家大任。（上圖為搬家前，下圖為淨空後。）

「是嗎？」潘教練半信半疑說：「你年底要去南極比賽的東西都處理好了？哼！少騙我了。」

「哎呀，老師放心啦，一切都搞定好了！交給我處理。」我掛上電話後，不禁感恩，我的生命能有今天的精采與淬鍊，能成就夢想，這一切都拜潘老師教導所賜，才得以轉變我的一生。所以，儘管再忙，我也要騰出三天時間陪伴潘老師住院。因為，沒有潘老師，就沒有今天的陳彥博。

◀逆時針的體重計

幾天後，我攜帶老師的隨身物品，還有一個裝滿學生資料的超重包包，一同前往馬偕醫院辦理住院手續。

在住院櫃檯登錄病患資料時，護士小姐請潘老師站上體重計。潘老師量完身高後，頭低下來要看體重，突然護士小姐眉頭一皺，因為標示針停在零公斤處，文風不動。

「體重計有壞掉嗎？」她轉頭問。另一位護士答：「沒有啊，今天都好好的。」「咦？怎麼會呢？」「那……先生不好意思，請你下來一下。」

當潘老師走下體重計，標示針卻快速以逆時針方向迴轉了一圈，回到零公斤處，發出「砰當！」的聲響。這時周遭的人們都露出窘困的表情。

潘老師無奈地說：「小姐，妳真是太傷害我了……剛好一百公斤不用說體重計壞掉吧……」

護士小姐滿臉通紅，連忙道歉：「啊！不好意思！不好意思！我沒有看到。」我和護士的眼神正巧四目相接，在旁邊一直噗哧哈哈笑個不停。我覺得我實在「很壞」，可是，我仍然止不住笑，噗哈哈哈！

當晚，潘老師盥洗完畢，換好住院服，正躺著休息，卻陸陸續續來了許多西湖高中與成淵高中的老師、同學與學弟來探望。大家聽到體重計的事都笑得前仰後倒，潘老師只好催我：「彥博，你待一天了，快回家休息吧，不是還有很多事沒做完？」我堅持要留下來陪伴，老師竟說：「是嗎？你看上哪個漂亮護士了！是莉莉小姐嗎？還跟人家四目交接，以為我做老師的不知道嗎？哼！故意要留下來陪我，來這招。」於是，醫院原本冰冷的氣息，被我們這間病房的笑聲融化了。

下午時，我先趕到成淵高中訓練並督促學弟們，結束訓練並盥洗，再回到醫院。每到夜晚，會客時間過後，訪客紛紛離去，趁著潘老師熟睡，我在一旁躺椅悄悄打開電腦，像小偷般輕聲敲擊著鍵盤，繼續寫著企劃書，並翻譯南極比賽的相關資料，就怕有半點聲響把潘老師吵醒。

每告一段落，闔上電腦休息片刻，靜靜凝視潘老師熟睡中的臉孔，不禁難過，為什麼潘老師為了教育，為了選手要累成這樣？潘老師為了學生們無怨無悔的付出，奉獻一輩子時間投入教育，身體卻長年累積病痛，我無法理解，潘老師為什麼不讓自己輕鬆一點，好好休息。這時，我的腳踢到潘老師的包包，一本筆記本掉了出來。我撿起筆記本，正要放回去時，看到其中一頁，藍色的筆跡寫著：「教育的使命：言教、身教、境教；帶人、帶心、更需帶出延續品德的生命力。教會孩子主動思考，與能夠獨自解決事情的能力。」

這時，我看著潘老師的臉，忽然湧出一股情緒，使我激動哽咽。我偷偷握著老師的手，手上有厚厚的繭，皮膚像是歷經許多工作摩擦的粗糙；我向老天爺祈禱著，如果可以，我願意承擔老師身上所有的痛，只盼潘老師趕快康復……

三天後，潘老師的病床被醫護人員推到手術房，身為學生的我們，在外頭盯著心血管顯影的螢幕，感覺等了好久。

好消息是，經主治醫師評估，潘老師的心臟無需裝入第五支支架，但是必須注意作息和飲食，並且定期追蹤。我鬆了一口氣，這真是南極比賽前的大好消息！

◀備戰狀態，體能飆高

潘老師平安出院後，我拚命追趕著落後的工作進度，沒日沒夜。

此外，為了特別增強體能與提高紅血球載氧量，以應付南極一百公里超馬賽的挑戰，十二月十二日起，國立體育大學的長跑教練張永政老師帶我再度趕赴中國雲南海埂高原訓練基地，進行二十天訓練。正值日本隊與越南隊的運動員也在此移地訓練，正好有伴。

經過重新計畫課表與搭配，在一千八百公尺的高原環境中，持續定速跑步的時間愈來

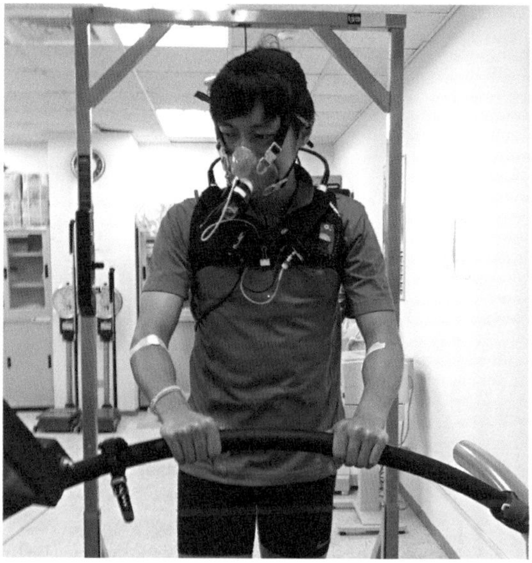

在國立體育大學進行含氧訓練，觀察含氧與血液狀況。

愈長，以時速十二公里連續跑四小時也不成問題。訓練後，我利用時間寫書，還撥打網路電話回台灣，向各企業尋求贊助。

完成二十天雲南移地訓練，返回台灣之後，我接受國體教練研究所生理科學實驗室協助，經詹貴惠教授每週嚴密監控，觀察我的血液值與心肺功能變化，狀況愈來愈好，每週訓練的累積公里總數也不斷往上突破，達到二百九十六公里。

南極的比賽之所以困難，就在於身在亞熱帶的我，無從模擬氣候情境。我查詢許多資料，證實南極洲內陸的狀況：極地競賽中會遇到南極科學家口中的「南極下坡風」（Katabatic winds）【1】。因此，我必須進行特殊訓練來克服。

【1】南極下坡風指的是，在夜晚，山頂與山脊處因地表空氣冷卻得更快，高原密度較大較冷的冷空氣流向鄰近的低處，加上地形壓力加速的關係，隨時都可能颳起暴風，沒人知道何時會停止，這也是南極最危險的氣候型態。

資料顯示，舉辦南極馬拉松賽的地區，每天風速達到每小時六十到一百公里；如果加上低溫，環境就更惡劣了。

我雖然曾經在北極點馬拉松賽中經歷過攝氏零下二十度的經驗，但是，南極洲卻是截然不同的極地環境，萬萬不可大意，我最好要有所準備。

然而，我絞盡腦汁想辦法，詢問許多朋友與地點都苦無下文，甚至還有朋友建議我寫信詢問美國太空總署（NASA），還有人建議架設二十台超大電扇對著我吹，各種光怪陸離的點子都有。

眼看著南極洲的比賽迫在眉睫，竟然有了轉機。

一天清晨，家樂福的公關經理默真姐開心的來找我，用小叮噹的招牌動作，雙手一拍說：「嘿嘿！有了！」便拿起電話幫我詢問了一個絕佳訓練的場地，消防局內湖防災科學教育館。

「蝦咪?!」任誰聽到都會「霧煞煞」，我也一頭霧水。「要去滅火嗎？還是要演練地震？」這是學生時期在學校都會做的教育訓練。

「哎呀！猜錯了，都不是！裡頭有意想不到的高科技設備，可以將一個空間模擬成風速一百五十公里的暴風雨體驗區。」默真姐說。

「金的假的（台語）！還真的有這種地方？」我狐疑。

趕緊在電話中向防災科學教育館的閻冠志大哥說明緣由後，閻大哥語帶溫和說道：

「這樣啊……我們這裡都是提供民眾與單位的防災訓練，從來沒有外借做為訓練場地，可能在程序上會有一些問題……不過，我看過你們寄來的資料，要代表國家去參賽，這麼拚，你放心，我一定盡全力協助支持你到底！先過來看看吧！」

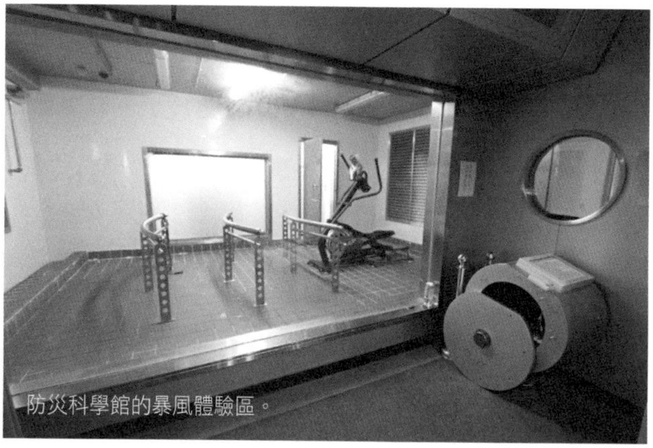

防災科學館的暴風體驗區。

在時速 73 公里（45.9 英里）的狂風暴雨中，進行南極下坡風模擬訓練。

◀內湖的南極下坡風

隔天下午兩點鐘，我與默真姐一同前往民權東路六段與成功路二段交叉口的防災科學教育館。四層樓的館內介紹天災與緊急避難須知，各樓層的空間還以科學設備模擬各種災害發生狀況，如：煙霧體驗區、風雨體驗區、地震體驗區、緩降梯訓練區……民眾可以免費預約實地操作體驗。「這裡還真是一個知識寶庫，以後一定要叫朋友們來見識一下。」我心想。

閻大哥帶我們來到二樓暴風雨體驗區外，透明的玻璃，從外面一目了然。

走進這間約莫六坪大的暴風雨體驗區，地上鋪著灰色磁磚，正前方有個很大的風洞，地面立著三排欄杆。「閻大哥，這欄杆是要做什麼的啊？」我才剛發問，閻大哥就在透明玻璃外頭按了電腦按鈕，嘻嘻笑著說：「抓好喔！」

「啊？抓什麼？」我摸不著頭緒。

忽然間傳來風洞裡轟隆轟隆運轉的聲響，黃色警戒燈閃起。我吞了口水，心想不妙。十秒鐘內，風洞吹出一陣厚實強風把我瞬間往後推。

「喔喔喔喔喔喔喔喔喔喔喔喔！」我來不及做心理準備，驚嚇得趕緊蹲低往前抓住欄杆。風速愈來愈強，站都站不穩，臉部的肌肉開始被吹得變形，張開嘴巴，口水還會亂噴，「喔阿斯阿風阿阿豪呀強@#$%」，我想要發出「風好強」的嗓音，但是狂風卻使我連話都講不清楚。

五分鐘後，閻大哥按下按鈕，關掉機器。

體驗區外的人們紛紛進來，看到我頭髮吹得像爆炸頭，臉被吹得紅通通的，全都哈哈大笑，效果可能比做臉部指壓還好吧？

「有像南極的風速嗎？」閻大哥問：「剛剛是一百一十公里，還沒有開到最大，最大風速會到一百五十公里，還會放水進去吹。」好興奮，真希望能在這裡訓練。我很幸運，兩天後，閻大哥來電說，已經幫我協調好場地，可以提供三天時間供我訓練使用，真是太好了！

進行暴風雨模擬訓練時，不僅有風，還會有水，這將會導致跑步機與電子器材進水並故障。我很幸運，經過岱宇國際的陳協理熱情的詢問與協助，提供最新的滑步機供我訓練，太好了，我能如願將設備搬進防災科學教育館進行訓練了！

◀溫暖的友情熱湯

十一月二十一日，我備妥南極的裝備，全副武裝來到防災科學教育館專心訓練。我的課程表是：每天進行三小時滑步機阻力訓練，與肌耐力訓練各五組。

為了記錄特殊訓練的鏡頭，義氣相挺的好友惠敏特別騰出時間為我拍攝。

我們踏進體驗區，「喀噹！」厚重的門關上，模擬訓練就啟動了。

閻大哥在體驗區外透過麥克風說：「彥博，第一組先讓你先適應一下，不會有水，只

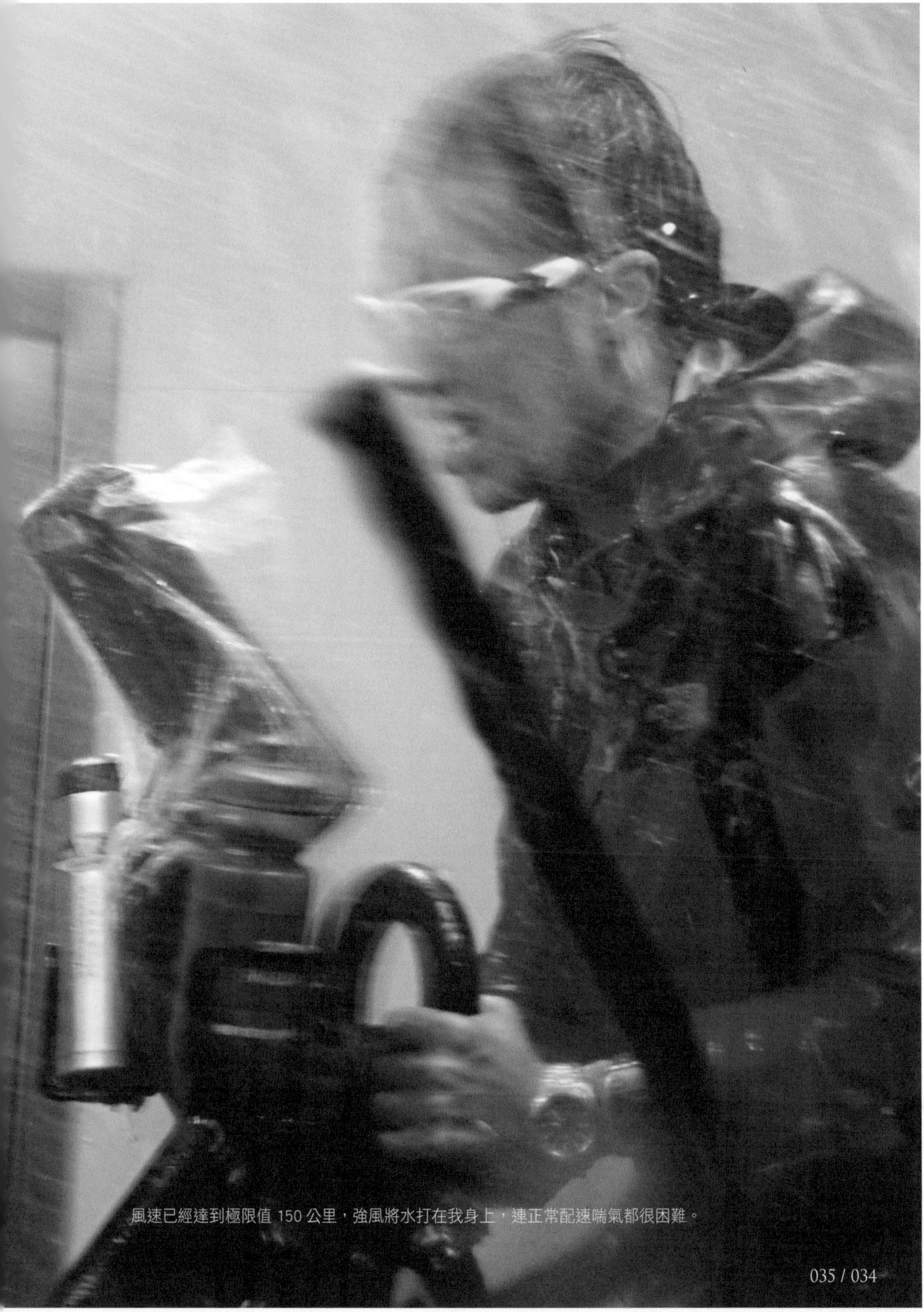
風速已經達到極限值 150 公里，強風將水打在我身上，連正常配速喘氣都很困難。

有風而已，不用擔心。我要按下按鈕了喔！」

「刷～～」水噴下來如狂風暴雨，噴得我全身都是，閻大哥和區外的人們見狀都傻住了，

「不是說沒有雨？」

我趕緊抓扶把，戴上防風罩與雪鏡，迎戰模擬訓練，體驗身軀在強風中前進時的壓力與困難度，調配呼吸頻率與體溫控制。我腳踩滑步機，透過雪鏡看向前方的風洞，我運用想像力，把場景慢慢轉換成雪白的南極洲。此刻，我正在奔跑，迎向暴風雪，追趕著其他對手。隨著風速愈來愈強，燈光開始變暗，還有閃光製造打雷情境，我慢慢能夠適應了，便用左手轉圈圈向默真姐打暗號，示意要他們把風速開到最強，我也把滑步機的阻力增加，模擬暴風雪的狀況。

當風洞裡的聲音愈來愈響，我看了右前方的顯示器，風速已經達到極限值一百五十公里！隆隆聲響，風速已經強到連透明玻璃都在震動。強風將水打在我身上，連正常配速喘氣都很困難，在一旁拍攝的惠敏，也因為無法站穩而被狂風暴雨吹到角落。「這模擬訓練還真是有夠『硬道』！不過，也讓我先提前適應遇到的狀況。」我心想。

外頭圍觀的人潮愈來愈多，看起來應該是來教育館做報告的學生，他們在外面加油打氣，給我加添了許多力量。

就這樣，每天當我在教育館的訓練結束時，默真姐與惠敏擔心我受寒，都會為我準備熱湯，或是帶我去進補一下。每天，關在體驗區內訓練的我，也慢慢感受到，當真心向這世界祈禱一件事情時，是否會有一股無形力量，讓周遭的人幫助你呢？我想是吧。在風雨中

的我面帶微笑的肯定著。

距離十二月一日出發，只剩下一個禮拜了。

住家整修原訂十月完成，沒想到，工程竟然延期到現在才結束。這下子，堆積如山的物品又要再搬回五樓。我擔心爸媽稍有年紀，萬一有什麼閃失就不好了。所以，儘管耗盡力氣，仍決定把搬家的任務一肩挑起來，整理分類，搬到五樓，接著再趕去訓練。愈接近比賽倒數階段，瑣碎事務愈來愈多，新書發表會、記者會、搬家、訓練、出發前一小時的合約，而且，連感冒也來參一腳，我每天睡眠時間幾乎只有四小時，忙到身體也無法承受的地步。於是，比賽前最後一週，我的情緒潰堤，緊繃到睡覺時還哭出

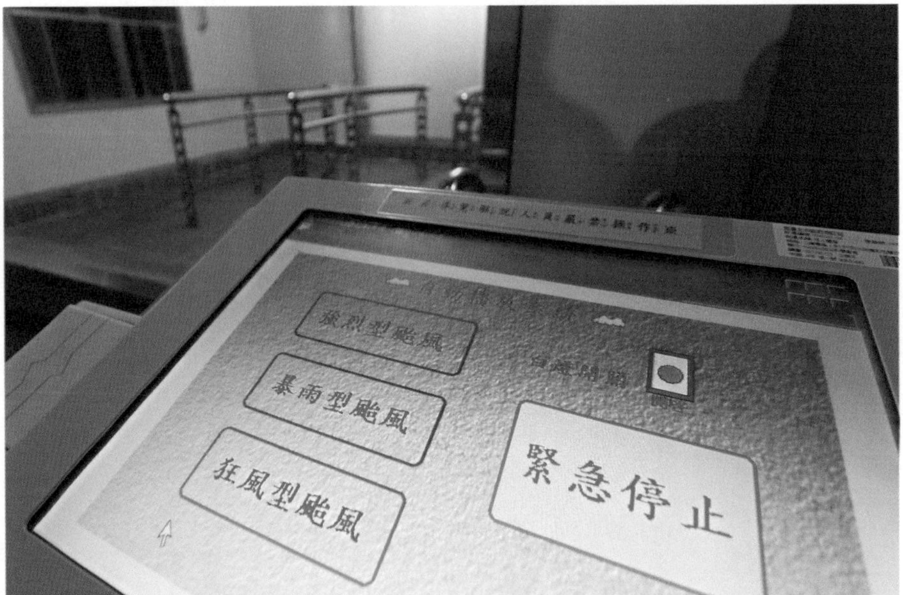

在模擬訓練時，若有突發狀況，可以按下「緊急停止」按鍵，
但是真正在南極比賽時，並沒有這個按鍵。說不害怕，是騙人的。

來。直到在機場與皮皮、爸媽和教練道別，登機的那一刻，手機關機，才遠離這一切，得以解脫……

是不安？害怕嗎？是恐懼嗎？如果這是最後一站……

說不會恐懼，是騙人的……

02 暴風雪過去，挑戰才開始

航程：台灣（Taiwan）▼洛杉磯（LA）▼智利，聖地牙哥（Chile Santiago）▼利馬（Lima）▼蓬塔阿雷納斯（Punta Arenas）▼南極洲，南緯八十度（Antarctica 80 degrees）

從台灣飛向南極洲的旅程，歷經四次轉機，不斷往地球的南端飛。三十二個多小時的飛行，比飛往北極還要漫長。在飛機上，我就像電影《阿凡達》主角的開關被按下一樣，馬上陷入昏迷狂睡。

從紐約飛到南美洲國家智利的首都聖地牙哥，為了等待一天的轉機，我預訂的是近郊較便宜的旅館，一住進去就躺在床上，補充因時差而混亂的睡眠。

睡得正香沉，約莫半夜兩、三點鐘，卻被樓下傳來的一群人嘰哩呱啦的西班牙話吵醒，分貝愈來愈大。突然傳來大吼大叫的聲音，還有接連的玻璃破掉與持續狂摔物品的聲音，用力奔跑的震動聲響，我睜大雙眼，馬上爬到窗邊窺看。樓下有一堆人在吆喝，有人躺在地上流血，還有幾個人衝進飯店，來到我所在的樓層猛搥房門，一陣陣對罵聲彷彿就在門外。

夭壽喔！我雖緊張，仍迅速將三大袋重達

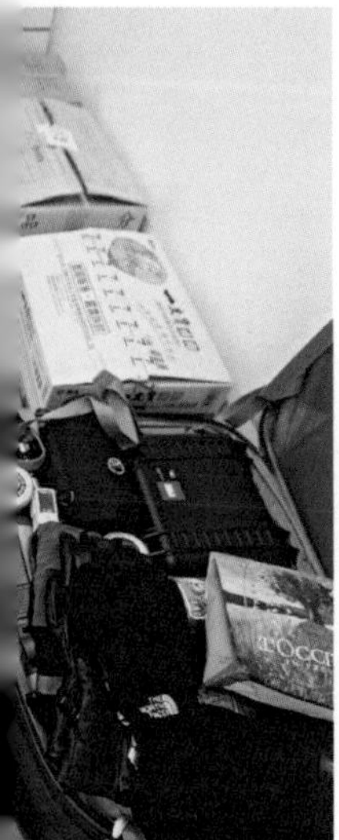

七十多公斤的行李堵在門口，深怕有人衝進來搶劫；錢可以被搶，裝備可不行啊！我總不能裸體跑南極吧！五分鐘後救護車和警車趕到，我捏了一把冷汗；一陣寂靜後，似乎沒事了。

隔天清晨，我離開飯店準備前往機場時，四周道路都被警用鐵欄封起來了，一旁還停著兩台鎮暴車，詢問櫃檯才知道昨晚發生鬥毆事件。出國在外，我們還能掌控旅途中的時間，但是安全問題，更是要顧慮啊！

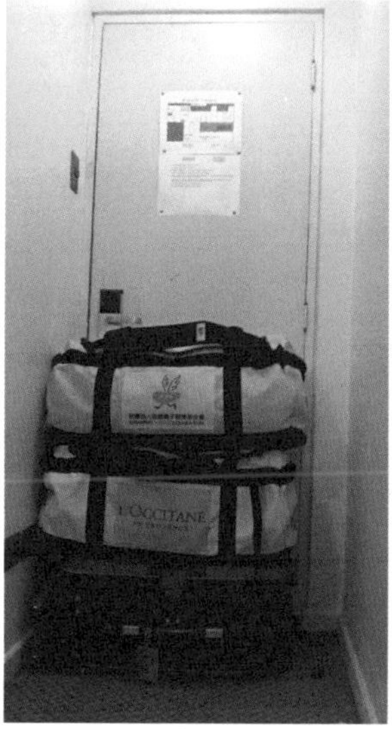

（左）將三大袋重達七十多公斤的行李堵在門口，深怕有人衝進來搶劫。
（右）出發前往南極時，三袋行李重達七十多公斤。

◀人在天涯

從飛機地圖上顯示，智利的地形相當有趣，是長條形的，氣候從酷熱到酷寒都有。最北有阿他加馬沙漠（Atacama），最南有巴塔哥尼亞冰川（Patagonia），南北長約四千二百七十公里，但國土平均寬幅卻只有兩百多公里，橫跨三十八度緯度、七種氣候。美洲最南端的城市——蓬塔阿雷納斯（Punta Arenas）是飛往南極的主要入口，也是破冰船前往南極洲基地供應補給的主要地點，因此被稱為「天涯之國」。

機艙警示燈亮起，降落前遇到亂流，機身開始上下劇烈搖晃。不過，機長的技術實在厲害，儘管機身不斷歪斜，仍用蟹行降落平穩的著地。

順利在蓬塔阿雷納斯下機，仍感覺到強風將我吹得左右晃動，怪不得這裡是最靠近南極的城市。

「磅磅！」巨大聲響使我從床上驚醒，趕緊跳起來鎖窗戶，還以為颱風來了。這才想起，這就是這裡的尋常氣候，時速每小時四十到六十公里的強風是常有的事。

換上跑鞋，來到蓬塔阿雷納斯市街道路上練跑，房屋的主建築外面都會加蓋一座透明的擋風牆，防止被吹倒。智利的歷史悠久，十六世紀之前是印加帝國，西元一五三五年，西班牙入侵殖民長達二百八十三年。一直到現在，建築、路燈都很有歐洲風情，流露西班牙氣息。

天氣晴朗，照耀著美好的陽光，五顏六色的房子，充滿熱情活力，街上的人們看到來自亞洲國家的我，都大聲向我打招呼：「Ola!」、「Hello my friend!」不管走到何處，人人微笑相迎，還會問道：「我的朋

這裡的居民穿的衣服比我還少，有些人甚至只穿短衣褲，真不愧是鄰近南極圈的超強人種。（圖左為穿短袖上衣的漁船船長，當天氣溫是攝氏零下 2 度。）

智利的歷史悠久，16世紀之前是印加帝國，西元1535年，西班牙入侵殖民長達283年。至今，建築、路燈都很有歐洲風情，流露西班牙氣息。

友，你來自哪裡？」

「台灣！」

「Wow～你是要去南極的對吧，好好享受這裡！」

陽光照耀在身上，心情也輕鬆了，許久沒有這樣的好心情，我跑著跑著，嘴角自然帶著微笑。只是，看看溫度計，溫度只有攝氏一到十三度，雖然閃著耀眼的陽光，有時候突然颳起風，下起濛濛細雨，風雨吹颳得讓人冷到吱吱叫。街上的路人都穿著羽絨外套，卻對我說：「現在是夏天！」

「蝦米！有沒有搞錯！夏天要穿羽絨外套，那冬天呢？」我真是無法想像。雖然很冷，不過這裡的居民穿的衣服比我還少，有些人甚至只穿短衣褲，真不愧是鄰近南極圈的超強人種……

我站在沙灘上，遠望前方一望無際的麥哲倫海峽，想像著前方離我愈來愈近的南極洲，也想像著年代久遠的歷史。

十五世紀到十七世紀時期，歐洲地理大發現（又稱航海時代），擴展了人類新版圖。其中又以一五一九年，人類首度環球航行的麥哲倫為創舉。麥哲倫率領的船隊在航向南美洲時遭遇一場巨浪滔天，狂飆呼嘯的風暴：他們找到一個峽道，在南美洲尖端穿越，連接大西洋和太平洋，全長六百公里，這就是「麥哲倫海峽」的由來。麥哲倫的紀念碑聳立於市中心的廣場上，每一位前往南極的冒險家都會親吻石柱祈求好運與平安。嘿嘿！我深吻好幾下，不知道會不會擁有超級好運？

「Tommy？」

後方大喊一聲，我回頭看，原來是羅馬尼亞的選手羅蘇，「真的是你！Tommy！」羅蘇衝過來給我一個羅馬尼亞式熱烈的熊抱，害我差點喘不過氣，還有美國選手阿諾德與他的女兒莎拉。

我們在四月的北極點比賽時相識，成為好友，沒想到這回大家都參加了南極洲的挑戰賽。我與羅蘇住同一間房，聊了好一陣子，學了一點西班牙文。

◀ 以台灣人為傲

隔天早上，主辦單位安排所有選手進入簡報室上課，詳細解說三千零六十五公里之外的南極洲基地，包括地理知識、環境變化、凍傷等。三十七位選手來自十六個國家，各個經驗豐富，看來我又變成「小弱雞」了。

這時，賽事主辦者查理發言：「各位朋友，今年（二〇一〇年）第六屆的賽事，是很特別的一年，因為，我們首次有亞洲的選手來挑戰一百公里，他在今年四月也完成了北極點的賽事，他是來自台灣的 Tommy Chen！」

在掌聲中，我起身向大家揮手，很高興能在極地國際賽事中讓大家知道也有台灣人參加；這時，我挺胸說道：「大家好，我來自台灣，我叫 Tommy。」

我以身為台灣人為傲，因為我相信我們台灣人也能做到。

主辦單位原訂於十二月十日起飛前往南極，卻因

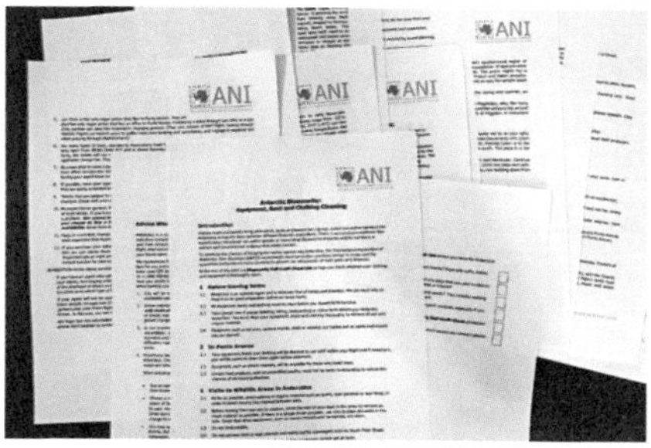

每一次比賽，要填寫與閱讀的資料排山倒海、密密麻麻，來南極也是如此。學會英文才能與世界連結。

參加賽前求生課時，主辦單位特別介紹我，因為首次有亞洲選手挑戰一百公里。

清晨即起，在南美洲最南端的海灘上練跑，帶著期盼與忐忑的心情，望著海的另一端：南極。

為南極基地颳起大風雪，能見度低無法降落，只好順延一天。沒想到，隔天打包了行李，準備啟程，飛機又取消起飛，我們只好回房間等消息，每天都要集合三次，弄得人人手忙腳亂，東奔西跑。也因此，大夥兒玩出一種「南極兵荒馬亂打包行李」遊戲，而我也練就「快速行李收納術」，每次都是遊戲的前三名。

不過，大夥兒經過連續十次的「打包遊戲」，表情也從興奮、熱情、平常、沮喪、無力、到消極，就像是參加情緒展覽會一樣。但是，飛機延誤或取消，也是沒辦法的事，因為，我們可是要飛往全世界氣候與環境最艱困的地方呀！

十二月十日　9:30 12:30 15:30 集合、行李打包、失敗
十二月十一日 9:30 12:30 15:30 集合、行李打包、失敗
十二月十二日 9:30 12:30 15:30 集合、行李打包、失敗

第三天，飛機仍未起飛成功，選手們都愁眉苦臉。午餐後，貼心的賽事主辦單位帶大夥兒坐船到三十五公里外的小島觀察麥哲倫企鵝。

喔喔！且慢，港口的船員笑笑對我說：「今天氣候有點不穩，

前往南極的飛機數度延遲，主辦單位索性安排選手搭船出海賞企鵝。

你們要出海嗎？這個海域的浪可是非同小可喔，有時會遇到更強的風暴與大浪，俗稱『咆哮的南緯四十度』、『狂暴的南緯五十度』和『尖叫的南緯六十度』喔！」

我們所在之處就在狂暴的南緯五十度，我心想，「這會有多恐怖？雲霄飛車和海盜船我都敢坐了，還連玩三次，系丫落恐怖咧？」信心滿滿的我，看著平穩的海岸線，殊不知一場好戲就要開始……

◀海盜船真實版

起初搖搖晃晃開心出海。小浪雖起伏，大夥兒還很開心喔耶說笑。四十分鐘後，浪的起伏變大，我開始暈船，胃感覺不舒服。在船頂看浪愈來愈大，愈來愈高，直到雙腳飛地騰空，雙手抓緊欄杆，心想：「不太妙了！」

我幾乎無法相信眼前的景象：浪高至少五層樓，起伏巨浪使得全船傾斜，左搖右擺，角度愈來愈離譜，我一度以為就要翻船了！絕對不誇張，有時候前方的浪甚至比船還要高！警笛聲響起，船員衝上來大叫，要求所有人趕快下到船艙裡，如果掉到海裡那可就危險了。

我找了個位子趴在桌上，覺得頭暈目眩，還警告自己：「忍著不要吐，等等就會到了……」我感覺難過到開始冒冷汗，但是大浪仍導致船身瘋狂搖擺，左右搖晃大約有五十度。

十五分鐘過去，有人先衝到船尾，發出：「嗚噁噁噁！」的聲音，接連兩位也跟著到船尾，連連「嗚喔喔喔！」我想盡辦法一直吞口水壓抑住吐意，直到我身邊的選手也要趕去廁所，向我說：「借過」的一剎那，起身挪動身體時，我的理智也斷了線，胃裡的東西全部往上衝。完蛋了！還沒衝到船尾，我就「噗喔喔喔喔喔喔！」「噁喔喔喔喔喔喔喔！該死的！」

我狂吐不止，極度暈船，腿軟到要抓著欄杆，胃酸不斷往下跳動，大腦也失去平衡，難過到分四次吐完所有東西，還繼續空吐邊噴淚。結果產生了連續效應，所有選手都暈船吐到不能自已，臉色發白，接連聽見一陣陣「嗚喔喔」，「嗚喔喔」慘不忍睹的「交響曲」，原本一個半小時的船程，竟然坐了七個小時！整整七小時，我們都在船上拚命嘔吐。最後，船隻緊急折返到兩個小島中間避難。

於是，我們從下午兩點坐到晚上九點，花了兩千元新台幣，企鵝沒看到，看到一堆人在吐……果然是風聲咆哮、大海狂暴、吐到尖叫的旅程，回到旅館躺在床上難過到動也不能動……天啊……幹嘛這樣搞自己……我發誓再也不要坐船了……

第四天中午，主辦單位終於傳來好消息：「暴風雪過去了，我們現在馬上啟程出發！」太好了！終於可以出發啟程前往南極了，大家興奮的歡呼大叫；不禁希望這趟順利起飛到南極的五小時裡，飛機可別像昨天的船一樣劇烈搖晃。

這時，羅蘇拿報紙給我看，頭版標題讓我吞了一下口水。昨天颳起一百二十公里颶風，連大船都被海浪打得劇烈搖晃，大自然的劇烈變化，讓正在準備前往南極的我們也慢慢緊張起來……昨天沒有翻船，還真是我們好運……

十二月十三日 9:30 12:30 順利出發

暴風雪來攪局，導致班機延誤三天，原以為這次的比賽可能無法進行了，
卻在最後一刻暴風雪短暫停歇。全員開心歡呼，終於要出發了！

03 生死關當前，淬鍊超強心理素質

彎下你的身子，快速進到機艙內！「時間不多了！GO！GO！GO！」

我被前方發出陣陣轟隆聲響，即將載我們前往南極的龐然巨物感到震撼，這是蘇俄製軍用戰略運輸機 IL-76，專門克服極地嚴寒或氣溫多變的環境，共需五名機組員：兩名飛行員、一名領航員、一名機械工程師、一名無線電操作員才能駕馭。它能承載四十公噸重大貨物飛行五千公里，連坦克車都裝得下。這種運輸機也曾改裝成加油機、預警機，有三十八個國家擁有，光是中國就有十七架。

在機上，不僅沒有暖氣、沒有座位、更沒有美麗的空姐。機艙內的氣溫是攝氏七度，我們必須穿著羽絨外套，坐在板凳上，自行走到機艙後方包火腿吐司來吃，看見有些管線裸露在外，或是突然在艙內撿到一個飛機零件，都讓人瞪大眼睛。

告別了蒼翠的南美洲大陸，一旦飛入南緯六十六度的南極圈上空，處在長達五個小時天氣變幻無常的飛行中，機組人員將沒有任何外界援助，得要自行決定油量的損耗情況，發生任何狀況都要決定繼續往前飛還是打道回府；而且任何一項決定都將攸關生死，因此必須有超乎常人的心理素質。

看著窗外的南極海，憶起十四歲仍是國中生時，我非常討厭地理課，考試老是不及格，又總是弄錯國家，看著老師在課堂上拿「愛的小手」在大大的地球壁畫上揮來揮去，一點興趣也沒有。後來因電視上播放的南北極壯麗風景感到驚奇，卻壓根兒沒有想過有這麼一天，我能親臨這種壯麗：就在二〇一〇年四月與十二月，我分別飛往地理位置的北極點，與一百八十度相對位置的南極洲，開始人生一百八十度的大轉變。現在看著機上地圖，竟然都有我跑過的足跡。

早在二〇〇八年，我決定參加世界七大洲八大站馬拉松賽時，就計畫來南極，那是夢之國、靜之土。心中天馬行空的夢想，沒想到都一一實現了。是的！就像一場夢，就像是藏寶圖，不管你身在何處，只要你準備好了，那裡就是起點！

到不了的地方

窗外慢慢出現流冰，轉而進入冰棚，雪白的大陸。

機艙內溫度遽降，我愈來愈興奮。就快要抵達了，即將進入世界最冷，風速最強，冰雪最多的地區，是一塊遠離文明，與世隔絕的大陸——南極洲——總面積一千三百多萬平方公里，約有三百八十個台灣大，冰雪厚度約一．六公里，至今仍無長期住民，只有少數科學研究員輪流在為數不多的考察站暫居與工作。

一九八三年，南極洲的俄羅斯觀測站曾記錄到攝氏零下八十九．二度的最低氣溫，此時，任何東西的結構都會產生變化。即使鋼鐵也會變得像玻璃一樣脆；向空中潑水，落下時會結成冰塊，而南極地區的風速經常達到每小時一百公里。颱風般的狂風會迅速帶走人體的熱量，立即發生凍傷與失溫凍死的危險。這是抵達之前，我所知道的南極。

轟隆轟隆聲震起，著陸的那一刻，全部的人都高舉雙手歡呼。

艙門打開的那一刻，一團寒霧直接衝進艙內，我們趕緊全副武裝穿戴保暖裝備。機組人員大聲說：「歡迎來到南極，今天攝氏零下十八度，暴風雪剛過，外頭的風非常大，每小時八十公里，下機的藍色冰跑道（blue-ice runway）很容易滑倒，切記！滑倒時不要用手撐地上，很容易骨折；雙手交叉抱胸會比較安全。」

機艙門外不斷颳起風雪，變成長長的氣流舞動；我將頭探出艙門外，「颼颼颼～」強勁的暴風雪在我耳邊呼嘯，彷彿整個人都要被吹走，心想：「這比賽接下來可刺激

南極沒有機場和跑道，巨大的飛機直接降落在冰原上，
我下機後驚恐的看著飛機，心想：「這世界還有人類到不了的地方嗎？」

了……」

我吐出第一口氣，形成厚厚一團霧，再慢慢吸進第一口南極潔淨的空氣，好冰！全身臟器都感到這股直透的冰刺寒意。下機走上冰原，雙腳還會打滑；回頭看這巨大的飛機，心想：「我的天，它到底怎麼降落在這冰原上的？這世界還有人類到不了的地方嗎？」

坐上極地雪車約二十分鐘之後，一望無際的白雪前方出現小黑點，我們抵達位於南緯八十度，ALE南極後勤探險組織的聯合冰川營地（Union Glacier Camp），這裡一年只開放四個月：十二月到次年三月夏季，需事先預訂。而北極點俄羅斯的巴尼歐基地（Barneo Ice Camp）則開放兩個月，因為北極海結冰的時間與氣候影

響所致。

相較於北極點，南極聯合冰川營地所搭建的帳棚較為用心與舒適，主帳棚用的是組合型器材，空間足以讓各國探險隊進入休息，在外還有大型太陽能板提供主帳棚電子設備所需電力，也有獨立的氣候與衛星觀測站，有著最頂尖的專業設備，我大開眼界，在一旁觀察學習。

我繞一大圈觀察營地，突然想上大號，就開始尋找廁所。「會不會和北極點基地一樣是天然戶外解決？」沒想到南極廁所採用完善規劃的組合屋，乾淨到讓我吃驚，毫無異味，還會輸送到蒐集桶內。如廁之後覺得，在這裡果然什麼都不能留下，連人體排泄物也是。至於在零下八度的廁所內脫褲子便便這回事，是需要勇氣的，有時還要發出氣音鼓勵自己，喔斯！

我們在主帳棚裡集合，由南極營地工作人員凱瑟琳說明基地與安全須知：「如你所見的，現在是永晝的季節，太陽二十四小時都會在地平線上；在這可別把時間搞混了，曾經有人驚訝的問我，怎麼晚餐是吃麥片牛奶？」大家聽了哄堂大笑。「在室內也可能會凍僵，請記得每天都要在室內用酒精膏洗手。西邊五百公尺靠近我們的高山就是埃爾斯沃思山脈（Ellsworth Mountains），全長三百六十公里，最高點為文森峰

這是我的個人帳，彎腰就可以摸到帳棚頂部，我的全部家當都在裡頭。
因為是永晝，睡覺時棚內總是亮閃閃的，分不清時間。

（Vinson Massif）四千八百九十二公尺。我們在南緯八十度，是最靠近南極點的營地，距離只有一千公里，賽後若氣候、時間許可，我們可以用飛機載你們到南緯九十度的南極點（South Pole）。」

「哇！真的嗎？」大家異口同聲問道。

「是可行的，一個人的費用是美金兩千元。」凱瑟琳說完，大家又一起吞了口水。我的天！將近五萬新台幣，為了參加南極馬拉松賽，我已經快被榨乾了，就此打消念頭吧。

這時巴西選手貝爾納多舉手幽默說道：「女士，我們可以用跑的到南極點嗎？」「當然，如果你們準備好的話。」大家紛紛互望，拍手笑成一團，選手們的熱情與幽默，為冰天雪地加溫了不少。

（上）極地雪車，用來載運物品。
（中）主辦單位組裝的廁所，
比起北極點基地使用的廁所乾淨舒適。
（下）臨時曬衣場，有日照時才曬得乾。

廣漠無人的南極，對外通訊皆須通過訊號台；
即使身處極地的少數研究人員也是藉由這種方式彼此聯繫。

04 規則逆轉，離開求生？留下求勝？

張開有點結霜的雙眼，擺放在帳棚前端的溫度計顯示：攝氏零下十四度。還想繼續縮在溫暖的睡袋內。帳棚很小，只能彎著腰做事，常常搞得我腰痠背痛。早上九點起跑，但是七點我就起床了，整理，換上裝備。但是，一脫下保暖外套就感到體溫散失，相當寒冷。

到南極的比賽裝備，與北極點有何不同？其實差不了多少。一樣是洋蔥式三層穿法，排汗與輕量功能系統較為強調。第一層為羊毛排汗、第二層為刷毛保暖、唯有第三層的防水層 Gore-Tex 布料選擇較厚，以抵擋強勁風勢與隔絕冷空氣，面罩也改為全罩式口罩。

南極超級馬拉松賽共分為：四十二・一九五公里馬拉松賽、與一百公里挑戰賽兩組。

基於一百公里參賽選手的安全問題考量，主辦單位會審視每位選手過往的比賽經驗來決定參賽名單，每年不超過八位選手，我也榮幸在其中。但是，沒想到主辦單位在賽前突然通知一百公里的選手都必須先完成四十二・一九五公里的馬拉松賽，賽道是繞營地兩大圈。聽到這消息，

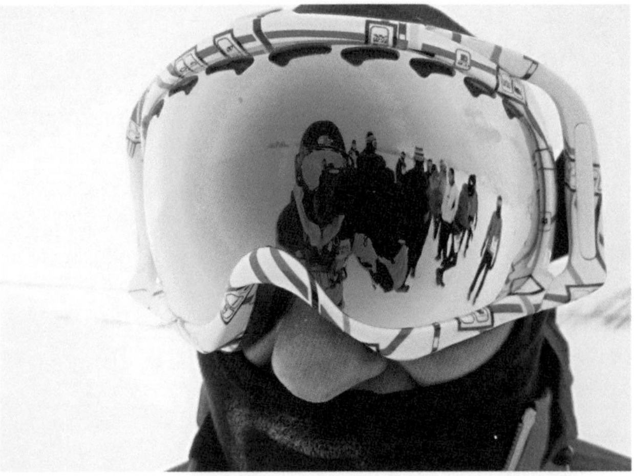

我為法國選手拍照，透過雪鏡折射也可以看見自己出發前的雀躍心情。

我們都愣住了。

我的內心很抗拒，因為，兩場比賽相加起來，短時間內超出我能負荷的公里數，但是，卻又因為大家的鼓噪而產生繼續下去的動力，內心的小宇宙不斷發出：「管他的，都來了，跑了再說！」的念頭。直到我站上藍色的起跑線，巴西選手貝爾納多對我說：「你準備起飛了嗎？Tommy，Come on！」

我才喃喃自語：「老天，這還真是瘋狂！」

42.195 公里馬拉松測試賽出發了！（前方號碼 2 的人就是我了。）

凹陷的雪地，不可測的危機

三十三歲的巴西選手貝爾納多是運動經理人，參加過各式各樣的極限運動。

二〇〇七年時，他曾參加南極馬拉松賽獲第四名，今年則特別計畫挑戰一百公里，他身邊的六名新聞團隊成員是特別前來拍攝他的，可是巴西赫赫有名的運動明星呢！

鳴槍了。出身美國特種部隊的選手率先衝出。五公里之後，我與貝爾納多開始一同追趕前方選手。不知是否太興奮，我的腳步愈來愈輕盈，於是在第一個檢查站詢問工作人員：「第一名離我們多遠？」

我帶著亢奮的情緒，加快速度，享受南極的速度感。

「只有十八分鐘的距離。」工作人員回答。

我帶著亢奮的情緒，跟隨著前方的腳印慢慢加快，享受南極環境的速度感，接連超越英國、澳洲、法國等多位選手；到了二十公里處，與暫居第一名的選手縮短只剩六分鐘，此刻我充滿信心，只想獲得領先的位置。

「刷！」

大事不妙，在三十公里雪地，崎嶇不平的賽道呈現S型的下坡處，右腳踩到凹陷的雪地，「碰！」一聲，力量之大，連膝蓋都劇烈疼痛，我撲倒雪地上，韌帶愈拉愈緊，痠痛隨之加劇。糟了！膝蓋外側「髂脛束摩擦症候群」的舊傷復發，像是隨時即將引爆的炸彈。

慘了，後天就要進行一百公里挑戰賽，都怪我求好心切，年紀輕輕太過衝動，無法冷靜、穩定，靜心思考。南極這一片極白，求勝卻成了我唯一的標的，這下該如何是好？

此行出發前，潘老師曾帶我接受復健科醫師周適偉的治療，他也是許多亞、奧運選手的醫師，相當友善熱情，長約五公分葡萄糖水的針注射在腰上，「阿娘威！」每位看過的選手都會痠到「嘶嘶！嘖嘖！」叫出來。再配合周醫師針對較弱的小肌群鍛鍊，出發前確實改善與復原不少。

但是，在雪地中的此刻，我求助無門，雖然成功跑完了馬拉松測試賽，但右膝外側韌帶緊繃，連走路都疼痛不已，每一步著地都是如此刺痛，脫下襪子，左腳趾頭還有些微紅腫與凍傷，主辦者查理與大會醫師來為我檢查傷勢，要我注意保暖，否則可能會惡化，至於舊傷，只能開消炎止痛藥，給我暫時治療。

我一跛跛地走回主帳棚，與羅蘇在主帳棚裡閒聊用晚餐，心想，還有兩天可以休息調整。這時，主辦者查理急忙打開門，風雪灌了進來，大家回頭驚訝問道：「發生什麼事了！」「你看到企鵝了？」

◀騎虎難下

查理面色凝重地說：「研究站剛剛通知我，兩天後將會颳起一場暴風雪，風速可能達到一百三十公里，並持續一週。最糟糕的狀況是，回去的飛機可能無法起飛，時間沒有辦法預期。」

大家馬上安靜下來。

查理繼續說：「我們緊急開會討論後決定，十六小時之後馬上進行一百公里挑戰賽，沒有任何討論的空間，我們得趕在暴風雪來臨前跑完，一方面也是考量所有人的安全，因為一延期，有可能需要一週。要放棄的選手明早先和馬拉松組的搭機回去。」

包括我，另外七位參加一百公里挑戰賽的選手個個都板著臉。

接著，查理走來對我說：「Tommy，很抱歉，你應該知道，你的腳將會非常痛，能不能克服，就看你自己了……」

我的天！聽到這個消息，我已經有一點快要放棄，一點完賽的動力都沒有……走回帳棚時內心不斷吶喊，好痛苦，面對突如其來的暴風雪，沒有多少時間能休息回復，我究竟能不能完賽？羅蘇從旁邊的帳棚傳來遲疑的聲音：「Tommy，你覺得明天狀況會如何……」

「我不知道，睡起來等等看狀況吧……」看著手錶，只剩四小時可以睡眠，再看著疼痛不已的雙腳與一旁的賽服，我提不起勁，一直不斷問自己：「還能跑嗎？還是……放棄下次再來比賽……」我很驚訝自己竟然會有這種想法出現，是害怕？還是沒辦法說服自己？

我拿著攝影機對自己講話，給自己加油打氣。安靜下來後，卻看到鏡頭裡的自己，完全失去鬥志……

外頭開始颳起風雪，一陣陣吹打著帳棚，看著起跑線

跑完 42.195 公里測試賽，衝回終點線，高舉雙手之際，其實自己心裡想的是：舊傷復發了。

被吹得左搖右晃，令我感到恐懼，這時好想打衛星電話給潘老師，告訴老師，我的腳有一點凍傷，可能跑不完一百公里挑戰賽……突然，好無助，好想家……這晚，我握著平安符入眠。

暴風雪愈來愈大，我用雪鏟挖了一座防風牆，耗了半小時的力氣，終於完成。

隔天早上，其他比完馬拉松賽的選手跟逃難一樣撤離南極，搭機回智利。不僅如此，又有兩位選手臨時決定棄權，只剩六名選手參加一百公里挑戰賽。這讓我更加矛盾，信心跟著動搖，「跑不完……我能做到嗎？還是現在決定一起離開……」心裡的聲音愈來愈大，開始與另一個自己拔河……

在無法說服自己之前做任何事，將會是內心的煎熬，那是痛苦的。我想，此刻的我就是這樣的心情。

該留下或離開？挑戰的壯志與身負舊傷這兩者天人交戰。
我為先前的魯莽懊悔不已，晨起刷牙時不禁惆悵。

05 撐到最後，就是贏家

風勢更強勁了，我硬逼著身體走到起跑點，吞下強力消炎止痛藥，藥劑開始發揮效用，我的內心開始出現兩種聲音：

「好像不痛了。」

「但是它還是會發作。」

「沒有關係，應該可以撐完。」

「如果又痛了，怎麼辦！」

「想那麼多做什麼，跑就對了！」

晚上九點鐘，起初內心還在掙扎，直到站上起跑點，在風雪中和其他五位選手擁抱、擊掌，當下的氛圍，頓時也牽起了彼此的友誼，我們圍成一小圈搭著肩開始低頭禱告，貝爾納多大喊說著：「We will be safe, we will be strong, everything will be ok. Don't worry. We can do it.」

此刻，我的心裡出現另外一種聲音：「至少……再痛苦也試一試……不要等到回去了才後悔……」疑慮及不安消失了，終於，我的思緒再度回到了原來的步驟，下定決心重回賽場。一切都不再重要了。

一望無際的白雪，時而會吹起小丘陵。來自各國的攝影機準備記錄著這項賽事，一圈二十五公里，三個檢查站，總共要繞四圈，到每個檢查站都必須用無線電回報。

「三、二、一、砰！」第一步踏出，濺起雪花，開弓就沒有回頭箭，我平心以待，知道這是一趟痛苦的旅程，準備向自己的極限挑戰。

第一圈，大家緊緊跟在一起，誰也不讓誰。我選擇在後方慢慢「暖機」，試探軍情，觀察每個人的跑法，思考策略，為了在前段賽事不要造成身體太大的負擔，我選擇尾隨高大的英國選手詹姆士後方同步跑，一直到第二圈，大家知道我的戰術後，紛紛開始加速把我甩開，慢慢離我而去。

此刻，攝氏零下二十度氣溫，四周無人，耳邊突然聽到低沉颼颼的聲音，聲響愈來愈大，我看到左方的雪山頂颳起濃濃風雪，愈來愈厚、山頂愈來愈模糊，慢慢地往山谷急流而下，周遭能見度愈來愈低；半夜一點鐘，南極下坡風向我直撲而來！

決定留下來參加 100 公里挑戰賽的選手只剩下 6 位。第一步踏出，濺起雪花，開弓就沒有回頭箭，我平心以待，知道是趟痛苦的旅程，準備向自己的極限挑戰。

放眼望去，周遭已被放肆狂妄的風雪包圍，暴風雪從山上席捲而來。

一回神，全身感到溫度遽降，牙齒開始顫抖，腦袋像凍僵般無法思考，周遭已經被大白色放肆狂妄的風雪包圍，像要侵入我的身體。跑鞋上布滿了雪，我全身裝備包得緊密，只露出雪鏡後的眼睛，觀察四方。狂風轟轟肆虐，幾乎要把我往後吹倒，有時風向突然改變，還必須側身與它對抗，手與臉麻木冰冷的刺痛，防不勝防。更糟的是，我驚覺到頭暈脫水時，趕緊拿起水袋喝水，天啊！水袋管線竟然全部結冰了！苦撐到最近的檢查站，趕緊將水袋放進衣服裡，用體溫讓冰融化，「已經站不穩了，分不清方向，牙齒也不斷發抖……」「平常的你不是這樣軟弱的，提起勁啊！」「你是亞洲第一位選手參賽的，有多少朋友在為你鼓勵祈禱！」「不行，風勢太強我已經跑不動了，好想進到帳棚裡……」在惡劣的天氣下，我逐漸喪失鬥志，離前方選手愈來愈遠……

第一圈結束時，大家開始懷疑我到底能不能完賽，攝影機也對著我拍攝，「Tommy，你還好嗎？速度慢了很多？」

我以為已經落後其他選手很多，沒想到查理對我說：「剛剛的風雪，所有人都慢了下來，你只落後他們二十分鐘，仍然有機會，但是要注意你身體的狀況。」

「真的嗎?!」意外聽到差距不大，仍能奮力一搏，此刻激起我那被風雪冰封許久的鬥志，燃起一線希望。我快速整裝後繼續出發，把雪鏡和面罩暫時拉開，任由風雪打在臉上，要看清楚前方，警惕自己不再犯下懦弱的錯誤，「該死的！剛剛你竟然有這種想法，躲進帳棚內，虧你想得出來！」「現在這一刻開始，即使狂風再大，我絕對不會被自己的怠惰擊倒！絕對不會！」

克服了內心的懷疑和恐懼後，我獲得更大能量，雙腳一蹬開始加速，讓基地的人員看到都驚訝不已。三小時之後，慢慢與第二名的法國選手亨利逐步接近。真正的比賽才正要開始。

雪地上出現嘔吐物。我進到檢查站內，看見急救毯被打開，我意識到亨利的體能狀況已經開始走下坡，但他依然繼續奮戰，不想被我這小毛頭追到；不過，這也表示我更有機會超前。

亨利是四十三歲，令我尊敬的冒險家前輩，完成過許多世界極端的冒險賽事，惡水馬拉松、極地橫越賽都有他的紀錄，經驗非常老練。從一開始激烈的拉鋸戰時，我們就不斷互相觀望對方。透過雪鏡，看見他堅定又銳利的眼神，像在狩獵般；從我超越他的那一剎那起，就被他散發的壓迫感壓得喘不過氣來。

在前方的領先者，總是會因為後方的追逐者的氣勢與企圖心而感到壓力。追逐者會不斷的尋找機會，回頭看見他的眼神是如此屹立不搖，不斷侵略並突破你的心防，當你鬆懈、一閃神、一個失誤、或是自信心被削弱時，在適當的時機一舉擊垮你，在實力伯仲之間，就會產生所謂的「心理戰」，誰能穩定的撐到最後，誰就是贏家。

最後的五十公里，我試著要將亨利甩開，發揮所有的能力，上坡路段維持穩定的速度，閃避軟雪，一小時後，我回頭眺望亨利已不見蹤影，但我感覺他就在某處伺機而動，雖然看不見，但這股壓力籠罩四周，就像是豹一樣；而我，就是他的獵物。

我與法國選手實力相當，產生心理戰，誰能穩定的撐到最後，就是贏家。

06 賽道上的鎮定劑：恩師

看看手錶，半夜四點鐘。我依舊在奮戰，身心疲憊好想閉上眼睛，好想睡覺，但永晝的太陽高掛在頭頂環繞，原有的黑夜卻是晴空萬里，躲也躲不掉，分不清身處在什麼樣的空間，加上要熬過徹夜不睡的身體和心理雙重考驗，意志力幾乎崩垮。

在六十公里處，我一度想放棄，好遠、好累……好孤單，沿路陪伴著，只有一望無際的白雪與雪山，每一圈經過，我都試著對山說話：「我又見到你了。」

試著忘掉對手、忘掉名次、甚至忘記自己，重新感受跑的感覺，聽那腳步濺起雪花的聲音、聽風聲從耳邊呼嘯而過，

賽道，繞回起點 4 次，每一圈經過風中飄揚的國旗時，使我意志更堅定。

這樣無我的狀態不知道過了多久……

利用下坡路段，隨著速度不斷增快，身體也開始流汗，跑鞋上的雪融化讓襪子全濕了，左腳趾頭凍傷處像凍結般刺痛，而膝蓋舊傷的藥效漸漸退去，疼痛、刺痛、陣痛反覆加劇到幾乎舉步艱辛，每一步著地的痛直達腦門，擴散出來。

忍！只能忍！我只能咬牙強忍下來！此刻並不能在風雪中停下來檢查，只能撐到主帳棚裡更換，而回頭看見亨利已經發動攻擊，慢慢追了上來，離我只差五分鐘的距離，一切都在和時間競賽。我別無選擇，在尚未進食的空腹狀態下，我又吞了一顆強效消炎藥，不斷反胃痙攣，胃極為痛楚，一度差點嘔吐出來。意志快被擊垮，鬥志快要耗盡，好想有個依靠，能夠支撐我繼續的力量。風雪中，我想起賽前打衛星電話給潘老師，那溫暖的聲音。

「彥博？是不是彥博！人平安嗎？狀況如何？」台灣的凌晨二點（時差十一小時），電話那頭，老師的聲音聽起來有點疲倦。

「老師，我平安完成了四十二．一公里的測試賽，很順利，但……有點凍傷。」

「要不要緊？」老師沉下心來問我。

「跑的完嗎？舊傷一定會在三十公里到七十公里處很痛，自己要量力而為，安全第一，老師知道你辦得到。」

「我……不知道，但我一定會盡力，謝謝老師。」

潘老師知道我會發生這種狀況，語氣帶有一絲擔心，在電話裡不斷安慰與鼓勵我。我一邊哭，一邊跑，一邊吐，但是，很奇妙的，我變得堅強了，又恢復了一些信心，他是每次我遇到困難的鎮定劑，此刻的腳，已經漸漸麻痺，不痛了。

子曰：「身體髮膚受之父母，不敢毀傷，孝之始也。」這是孔子與曾子的對話。我們的肉體身軀都是父母孕育而成，身體是父母給的，要珍惜，如果傷害了自己，不僅傷透父母的心，也是對父母的不敬與不孝。生命不是一個人的事，而是父母子女一體的，能夠感恩與體貼父母，別讓父母為我們操心，都是子女該做的，這才是盡孝。

過去我曾經為了夢想與家庭決裂，訓練與比賽時流血、受傷，時常讓父母擔憂，想著爸媽與潘老師在機場送行時眼裡的牽掛與不捨，反觀自己，在極地中的我慢慢能體會這一點，在每一次的挑戰中身處不同的險惡環境，有多少的夜晚讓父母思念與擔心到無法入睡，我盡量不讓自己陷入最危急狀況，雖然一身傷，但在獲得智慧的同時，卻也慢慢圓滿了生命，讓我更懂得感恩，在遙遠的旅途中想著溫暖的家，想著與家人團聚，這是一條漫長的路，我愛我的家人、教練、朋友，我告訴自己，要做一個孝順父母的好孩子。

徹夜沒有休息，十四小時過去，已經過了早上十一點鐘，還剩最後十公里，成敗就在最後了，我再度活了過來，雖然亨利在後方緊追不捨，但已經影響不了我，因為我更專注於當下，不管腳會疼痛到什麼地步、會有多糟，都不會再影響我的思緒與決心，繼續往前奮戰。

隨著耳機傳來的音樂節奏，凌波步開始啟動，任何起起伏伏的地形我都一一穿越，逆風、破風、乘風，呼吸急促，雪鏡開始結霜，導致視線模糊，正當我把雪鏡拿下來除霧，終於以肉眼看清這片大地時，太陽攀登到最高處，開始散發光芒，就像所謂的「耶穌光」，光束貫穿灰濛濛的雲層，我的雙眼疲累不堪無法聚焦，突然看見遠處有一些微小的黑點，我欣喜若狂！是終點！終點就在前方啊！

07 光將引領你回家

天空漸漸晴朗，前方視野慢慢變得清楚，太陽來到它的寶座用力散發著光芒，讓邁向終點前的一大片極白的雪地，像鑽石般閃爍起來。

終點線在前方不遠處，愈是接近，我的內心愈是激動沸騰，握緊拳頭不斷大喊：「看啊！終點線到了，陳彥博你做到了！太棒了！是終點線啊！沒想到真的完成了！」

此時耳機裡正在播放英國搖滾天團 Coldplay 的〈Fix You〉，主唱以高音鳴唱著：「Lights will guide you home. And ignite your bones. And I will try to fix you（光將引領你回家，點燃你的身骨，而我將撫平你的心）……」

家！我好想家，好想潘老師，我握緊拳頭激動到哽咽，喃喃：「老師！我完成了！老師！我辦到了！我平安的跑完了啊！」

最後一公里處，營地工作人員，巴西的攝影師們、各國探險隊，與醫師不斷高喊我的名字：「Tommy，Come on！」

壓抑的情緒再也無法靠理智支配，我的手拉出每次比賽都會放在袖口的國旗，雙手撐開她，任她在風中飛揚，讓她在雪地開始閃耀，看她在空中盡情舞動，台灣人也辦到了！我雙膝跪地，情緒潰堤並大聲哭泣，顫抖的聲音迴盪在寂靜的南極洲。巴西的記者朋友微笑擁抱我；查理與醫師握住我的手並歡喜的說：「你完成了，幹的好，恭喜，你真的做到了！」

跪在終點線下，眼淚慢慢結成冰塊，是的，這是我的夢想，世界七大洲八大站超級馬拉松大滿貫賽第三站，南極洲以十五小時十五分五十八秒獲得第二名。從起初漫長、痛苦、懷疑、軟弱、孤單，一百公里的心境變化，聽每一口喘氣、每一句自我的對話，在無助的時候，一步步，想起家人，一步步，想起感恩的朋友，慢慢拼湊零碎的記憶，我的腳依然跑著，我的心依然懷抱夢想，這是我感謝的方式，我不會停止，只需要一股信念堅持到終點，來接收我們的笑容與眼淚。

老師！我完成了！台灣！我辦到了！我平安跑完了！

回到主帳棚後，腳趾腫脹劇烈疼痛，一脫下襪子，「不！」左腳食趾已經嚴重凍傷，上半截全部紅腫起來，有些地方甚至沒有知覺，連自己都嚇傻了，「醫生！Tommy需要幫忙！」英國選手詹姆士緊張得連連呼叫。

醫師抱著醫藥箱立刻為我緊急處理，讓雙腳先泡溫水，並滴試劑觀察凍傷指頭膚色與血液顏色的變化，一旁的人們不發一語，我更是害怕，緊張到一度以為趾頭可能要截肢。

二十分鐘後，醫師拿起一支有溫度的金屬棒，開始以不同角度輕觸腳趾，終於說了一句令人放心的話：「還好。還好沒有組織壞死，血液還是有流動，有馬上發現與回溫，如果再晚二十分鐘，就真的會嚴重凍傷，到時會變成緊急狀況……。」

大家都鬆了一口氣，我也慶幸十隻腳趾頭都還在。雖然看見世界的許多美好，但我的身體也付出相當多痛苦的代價。

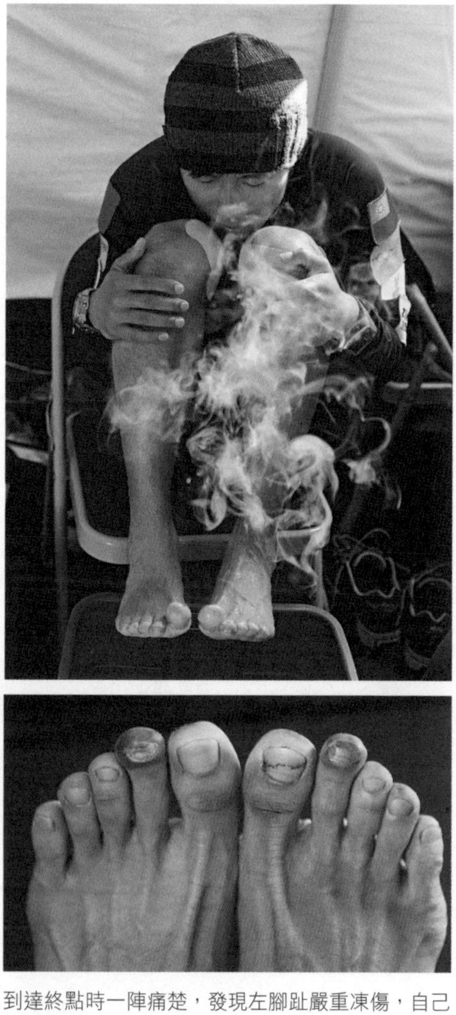

到達終點時一陣痛楚，發現左腳趾嚴重凍傷，自己都嚇壞了，以為可能要截肢。

一百年前，南極洲在世界各國探險家的征途下，慢慢揭開神祕的面紗。來自挪威的阿蒙森（Roald Amundsen），和英國的史考特（Robert Falcon Scott）是歷史上最早挑戰南極點的兩位探險家，但是，史考特探險隊在回程途中受困於暴風雪，因為糧食匱乏、燃油不足，最後陸續凍死。然而，後人為了紀念兩位探險家的不朽傳奇、不畏風霜、勇敢與堅毅的精神，把南極基地站命名為「阿蒙森－史考特南極站」（Amundsen-Scott South Pole Station）。緊接著，各國探險家前仆後繼，科學家紛紛進駐南極洲設立研究站，進行氣候、冰川、天文、物理、生物醫學等研究。

（上）100 公里挑戰賽亞軍獎牌。
（中）台灣與英國合作實驗一種新型運輸機，嘗試挑戰最快速橫越南極洲。
（下）抵達終點時，拿出國旗，在風中飄舞。

在極地區域，都會標有世界各國國名的指標，和極地與該國之間的距離，供人想像自己與家鄉距離有多遠。我滿懷期待，上下尋找熟悉的Taiwan，結果與北極點時相同，遍尋不著。看著各國選手開心的與自己國家的指標合影，我卻因為找不到家而難過……南極洲的三十多個研究基地外側豎立著各國國旗，看著五顏六色的旗幟飄揚，我好希望台灣也能在這裡，不知道為什麼，心中感到陣陣哀傷。

每凡出國比賽，我代表的國名總是被改來改去，台灣、中華民國、中華台北、中國台北……我來自哪裡？我的家在哪裡？我們的世界定位在哪裡？每當心情因國名而紛亂的時刻，我心中只有一個答案，「我來自台灣！」

我滿腔熱血的把國旗插在帳棚前，看著她在風中飄舞，澎湃的情緒是如此真實與驕傲，羅蘇與巴西記者們都在一旁捏把冷汗，因為中國的探險隊營區就在不遠處，並且豎立著五星旗。我並沒有任何挑釁之意，只是單純想讓全世界看見：我來自於台灣。在科技上，我相信，台灣已經有實力在南極洲設立研究站，我依然期盼著有這麼一天，盼望著，等待著……

地球有三極：珠穆朗瑪峰、北極與南極，分別是：世界最高、世界最北與世界最南。完成了前兩項賽事後，坐在帳棚外蓬鬆的雪地，何其幸運，在我這個年紀，看著南極雪白的山脈與冰岩，感受太陽的照耀，前方一望無際的白雪，當下間、在這剎那，在這淨土，感到時空與地理位置上的錯差，現在這一秒，我的身軀與心靈真的在南極？用地球地理來想像自己所處的位置，在特別的極地環境中，真無法相信眼前的時刻，跑鞋的底部在雪上推蹬摩擦，產生微妙的感覺。

比起北極點的雪，我覺得南極的雪來得更扎實、踏實。相似的氛圍，我並不陌生。今年四月還在世界的最高點，而現在卻在世界的最南端，踏著南極終年不化的雪地，指針的每一秒滴滴轉著，感受不到時間流逝，感受不到存在感，這時空，你帶不走，你屬於這裡，甚至不屬於你自己。

搭機離開南極洲，從高空回首雪的世界，光的天堂，願南極永遠那麼美麗，不受到人類任何汙染。凝神目睹南極最後的邊陲慢慢消失……

在南極不分彼此，我們悄悄的來，也悄悄離開這夢之國，境之土。

08

人類創造文明，文明卻在毀壞地球

機艙窗外景色不斷變幻，從荒蕪的白色雪地飛往大海，慢慢穿越雲層讓我們看見七彩雲霞，最後靠近陸地。

機艙門開啟，回到城市。突然這一切都變得好陌生、很不一樣。從一片極白寧靜的雪地，到市區五顏六色、不同形狀的建築物，路上夾雜著熱鬧的音樂，滿地的垃圾與生活的態度。第一時間，眼前的景象對心境有著如此強大的衝擊，令人排斥與厭惡，納悶的是，為何之前沒有如此明顯的感受，從與世隔絕的南極大陸回來後，轉變卻如此之大；當下，對於環境的變化，我有了深刻的體悟。

科學家記載一百七十萬年南極的歷史，透過許多探險家、科學家不屈不撓的精神與記載，我們得以一覽這白色沙漠，智慧的傳承，科技的進化，物種的演化，讓人類創造成就今日的文明。以高科技裝備探索地表上的每一處，進入地球南北極，甚至未知的宇宙，讓我們看見這世界的美麗；但卻也使我想起我們所在的地球，其面臨的生態與變遷：全球暖化、海平面上升、融雪與冰層崩解的問題愈來愈需要關注【2】。

原本潔淨的海洋，近幾年來也遭到汙染，「塑膠」，被英國媒體評為二十世紀最糟糕的發明，如今觸角已經從陸地伸向海洋，塑膠框、筆、牙刷、廢棄輪胎、捕魚網，各種垃圾應有盡有，形成七十萬平方公里的海洋垃圾帶，船隻甚至無法穿越。很多人都不相信是真的，但確實發生了。而科學家採集企鵝的屍體樣本中，卻意外檢測到戴奧辛、多氯聯苯等持久性汙染物，指數竟比其他陸上的動物還要高出許多！

為何遠離其他陸地、人口數極少的南極洲會受到汙染？科學家研判，全球工業製造的汙染物隨意排放到大海，我到南極比賽的這一年（二〇一〇年），墨西哥灣的油井爆炸，噴出近五百萬桶油到海上，汙染物隨大氣、洋流循環而送達南北極，低溫環境讓汙染物不易分解，在食物鏈頂層生物如鯨魚、海豹、企鵝體內累積，嚴重危害健康。【3】

人類擁有開發各種地球資源的智慧，開疆拓土，創造美好的舒適生活，反諷的是，卻也製造了對環境的傷害與髒亂。地位區分了社會階級，職業讓人有了貴賤之分，錢開始傷害人，在無意識的比較之下，「無所求」卻是更有所求。生活中的競爭與比較雖然讓我們追求卓越與突破，卻也隱隱改變了價值觀。而在南極洲這塊純淨的地域，不屬於我們，是他們的世界，企鵝面對險惡大自然的態度，在強烈風雪環境下，互助緊緊靠在一起保留體溫生存著；來自遠方的我，悄

被捕魚網纏繞身亡的海豚。

悄地來，也悄悄離開，不留下一點痕跡，不干擾牠們平靜的生活。面對牠們，我們應該帶著更多的敬意。人類在動物面前，應該懷著更多的謙卑，這是我參加超級馬拉松賽以來最大的感慨，我想，對於文明的罪惡感，需要幾天去沉澱……

凍傷後的皮膚，龜裂、剝落、滲血。

【2】二〇一一年在南極洲發現長約二十九公里的巨大裂縫，平均寬七十九公尺，每天正以一．八公尺不斷快速裂開，預計崩解分離後會有一個紐約市區大，是至今為止最大規模的冰裂現象。美國航空局馬上展開冰橋行動，利用衛星觀察分析是否會對地球造成影響。而如果南極的冰層融化，海平面上升將會淹沒許多低窪國家，馬爾地夫就是個明顯的例子。

【3】二〇一一年三月十一日的東日本大地震，許多陸地上的房舍、物品、因福島核電廠輻射外洩而受汙染的魚類，一一流到海洋中，至今禍害甚深。

人類開發地球資源，卻破壞了環境，連遠在南極的企鵝也蒙受其害。

09

放聲大哭，勾動人心

離家鄉好遠。出國一段時間之後，總是迫不及待想要回家。

啟程回台灣時，三大袋共七十多公斤重的行李總是令我備感吃力。在聖地牙哥飯店，電梯離我的房門口僅有三公尺距離，於是，我先把一大袋行李與小背包往外拉，再馬上回房間拖出另外兩袋行李，確認沒有遺留任何東西後，準備按電梯離開。

我看著所有行李，感覺有些不對勁，小背包等裝著護照、機票、和美金的小背包不見了！不可能啊！我剛剛有拿出來啊，才短短八秒時間！還是我失憶了？

我馬上衝回房間，翻天覆地找不著又馬上衝出來。接著，看到一位婦女抱著小孩，正在找房間。我焦急詢問她：「有沒有看到我的小背包？」

她一直用西班牙語問我：「不知道房間在哪裡啊？」我當時認為她應該沒有嫌疑，就又衝到電梯口去翻找，緊張得直冒冷汗；又衝回房間翻找床下、垃圾桶、浴室，全都翻過一遍！就是沒有！

我趕緊打電話請櫃檯的人員協尋。飯店沒有裝設監視器，服務人員表示無能為力，只說：「在南美洲，扒手很多，東西要顧好……」

我坐在行李旁，緊張得快要哭出來，我好想回家，但是機票、護照都在小背包裡……如果到代表處申請新護照需要一段長時間……正當我絞盡腦汁，那位西班牙婦女找到房間，就在我隔壁，看也沒有看我就趕快進去。我推斷，扒手很可能是她，但是我沒有證據，只好敲門看著她，雙眼誠懇的問她：「妳有看到我的小背包嗎？裡頭有我的護照和機票，飛機快要起飛了，我會回不了家……」

她說了一連串我聽不懂的西班牙文就關上門。求助無門之下，我不知道該如何是好，坐在行李旁竟然放聲大哭。可能是我的哭聲太淒厲，五分鐘之後，西班牙婦人走出房間，把小背包拿出來給我說，她搞錯了，以為是她老公的，還伸出手，想要握手言和。

我打開小背包，內部變得很凌亂，機票、美金都還在，但是我的護照夾卻不見了！我很生氣，不斷問她：「這裡只有我的東西，為什麼妳要把它放到妳的房間？我最重要的護照也不見了。」後來是她的老公把護照拿出來給我。

沒想到我遇到了鴛鴦大盜！而我在情急之下放聲大哭，竟然也能讓壞人認錯。古云：人性本善。看起來，這對夫婦還有基本的惻隱之心，不算真正的壞蛋，也因此，我能順利搭機，回到我朝思暮想的家鄉：台灣。

跑進大自然，才明白人類的渺小，
我們與其他生靈一樣，
都是大自然的一份子。
若能珍惜萬物，
那麼，摯愛是不是人類，
已不再重要……

第二篇

告別摯愛

10 不是寵物，而是家人

「皮皮！皮皮！你看誰回來了！」媽媽對著東張西望的皮皮說著。剛抵達國門，老師、雲林阿嬤、媽媽和許多朋友們都來迎接我平安歸來，特別嘉賓就是陳皮皮囉！一開始先是不太認得我，後來靠近我，聞了聞味道後，便用高分貝淒厲的哀號聲向我撒嬌，像是抗議著：「可惡！你去哪裡了？怎麼可以丟下我那麼久才回來！」

從南極回台灣以來，每天，皮皮無論何時何地都跟前跟後，還會跳上沙發或床上要我一直抱著他，就連上廁所、洗澡都要吼叫抓門進來看，怕我又突然消失不見一陣子。很臭耶！皮皮，你怎麼可以忍受得了，狗狗的嗅覺不是很靈敏嗎？噗哈哈！

冬天的氣候愈來愈冷，寒流一波一波接著來，皮皮慢慢失去了活動力，嘴巴旁的鬍鬚都已經變白了，也不再像以往有體力和我玩，常常散步回來都流鼻涕一直趴著休息，到最後甚至都沒有食欲，即使買了皮皮最愛香噴噴的罐頭也提不起勁。

我帶著皮皮前往動物醫院檢查，原本調皮搗蛋的皮皮馬上就變成乖小孩坐著。醫師說：「診斷看起來沒有什麼大問題，小感冒，我開一些營養素，可能會有體力一點。我家也有一隻巴戈，不過老實說，十二年了，其實皮皮也年紀大了……」

「那怎麼辦？有辦法讓他康復嗎？」我擔心的問。

「狗狗和人一樣，都會變老，只是他們的生命都比我們還要來的短暫，大約十到十五年的壽命，他們還是會比我們早離開這世界，現在只要多陪陪皮皮，對皮皮來說就會是好的照顧和幸福了。」

我輕輕的摸著皮皮的頭，看著他，無法接受他總有一天會離我而去的事實。

從醫院回來後，我特別珍惜與皮皮在一起的日子，但是，萬萬沒想到這一天這麼快就來臨。

南極返台後的第三十二天，凌晨五點五十分。

我先是聽到皮皮抓抓我的門，沒多久後，開始痛苦的呻吟。聽這聲音不妙，我馬上知道不太對勁。接著媽媽大叫：「快起來！皮皮要不行了！」我瞪大眼從床上跳起，火速衝向隔壁房間，看到皮皮側躺在地上，舌頭吐出來，快速喘著氣。

「皮皮！皮皮！」我趕緊將皮皮抱起，他的身體已經漸漸失去體溫，我趕緊用外套把皮皮包起，要送往動物醫院。皮皮只讓我抱，只要爸媽一碰他，就要被咬。沒多久，皮皮突然尿了出來，原本劇烈的喘氣聲也愈來愈小，我們衝上汽車，爸爸狂踩油門，我緊緊的抱著皮皮，心中一直緊張的吶喊：「不要啊！神啊！不要現在帶他走！皮皮你不要離開我！你會沒事的！會沒事的！醫院就快到了！」但是，皮皮卻吐出最後一口氣，我

從南極回來後，皮皮與我形影不離，
我沒意識到有他陪伴的時間正在倒數……

的雙手再也摸不到皮皮的心跳……他的眼睛一直看著我，到最後一刻……

衝進動物醫院，醫師不斷急救，心臟按摩，施打強心劑，皮皮的舌頭已經掛在外頭，我看著皮皮半開的雙眼，難過地流下眼淚。爸爸媽媽也強忍著悲傷，走到醫院外才哭。即使我們再怎麼盡力，也無法挽回摯愛的皮皮。

皮皮，已經離開了。

我們按照醫院提供的資料，將皮皮送往火化。我把皮皮裝進紙箱裡，搭車前往陽明山上的貓狗天堂。放在佛祖前誦著經文超渡著，希望神能夠指引皮皮到充滿愛的天堂裡。我虔誠的上了香，雙手合十向菩薩乞求著：「皮皮是個好孩子，是我的好弟弟，是我最愛的家人之一，請佛祖好好的照顧他，不要讓他受怕。」

我摸著皮皮的身軀，幫皮皮把雙眼闔上，已經失去體溫，舌頭也慢慢成了紫色，心想，也許，也許皮皮還聽得到我。我輕撫著皮皮的頭，輕聲說著：「皮皮，不要害怕，葛格都在你身旁，好好休息喔。謝謝你陪了我們那麼長的一段時間，給我們那麼多歡笑和回憶，現在，放下心，好好休息吧……不要擔心我們……希望下輩子，下輩子……我們還能夠相遇在一起……」說著說著，我大哭了出來，真的太突然，我還無法接受這事實，大哥、二哥陸續趕來，衝到皮皮旁，也都難過的流下眼淚，平常很少全家聚在一起的家人，因為皮皮的離開，才讓我們相聚在一起，讓我們心更緊密。因為，皮皮不是寵物，而是我們摯愛的家人。

五個小時過去，皮皮的軀體該火化了。我抱著紙箱往下走了一段距離，來到一個房間，分大、小兩個火化爐。我從紙箱裡將皮皮輕輕抱起，親了皮皮額頭一下，聞著最後熟悉的味道，放在一個鐵板上，火爐升起了無情的火焰，開始不斷加溫，師父向我們說著，皮皮待會靈魂會離開，要記得大喊。烈火熊熊燒著，火勢愈來愈大，我不忍、不捨、不願看到這一幕，便轉過身子握緊拳頭。

機器聲開始陣陣作響，把鐵板上的皮皮慢慢地往前推，慢慢靠近火爐裡，媽媽開始大喊：「皮皮！火來了！皮皮！快跑啊！火來了！」爸爸，大哥、二哥也開始哭喊著，我好激動，好痛苦的流下眼淚，「皮皮！快跑！火來了！不要怕！安心地離開！媽媽在這裡！」

皮皮的軀體慢慢被火焰吞噬，火爐關起，全家難過的把皮皮所有穿過的衣服，玩具放在桶子上，一一焚燒。衣服慢慢捲曲，變成灰黑色粉塵，思念的心、離別的痛，我跪地放聲哭喊著，皮皮……皮皮再也不會回來了。

二哥攙扶著我到樓上休息，一個小時之後，皮皮只剩下小小的骨頭。我看著頭骨，心裡出現了皮皮的聲音：「葛格，我想回家……」

我們決議採用樹葬，到山下買了一盆桂花，將皮皮的骨頭都放進土裡，未來，如果在路上有聞到桂花香，我知道，皮皮就在我們身旁……

到家後，我把盆栽放到陽台，沒有辦法想像，昨天和皮皮還玩得很開心，現在皮皮已經離開了。我沒有辦法接受這事實，痛哭了整個晚上無法入睡，連續幾夜失眠爬起來；

我坐在皮皮往生前倒下的地方，或是到陽台桂花前和皮皮說話，我思念著皮皮，看到桂花就像看到皮皮，他在窗外搖尾巴看我，對我說：「葛格，我要進去……」心像撕裂般的痛，家裡還有皮皮的味道，卻尋覓不到皮皮的身影，無法承受這巨大的痛，不相信皮皮就這樣走了，好幾個夜晚都需要吃安眠藥才能入睡。我分不清日夜，也混淆了現實與虛幻，朦朦朧朧之中，我看見皮皮，他還活著，而且是二〇〇三年SARS發生時，我遇到他時的模樣，他還對我說話……

皮皮經過火化後的骨灰，由媽媽和我種在桂花盆栽中。

看著皮皮的遺物，仍有餘味，很難想像他已經離開了……

「噹噹！」聲響起，主人拿起鑰匙，我搖著尾巴，每天最期待的時候來了。

像平常一樣，主人騎摩托車帶我去散步，今天不知道為什麼街上所有人都戴著白色口罩，我也想不透，路途比平常還騎了許久，來到我不熟悉的地方，也許是來到新的遊戲地點，我開心地跳下車，四處張望，但沒想到，主人把我放下來後就加速離開了。我害怕的拔腿狂奔，即使我盡了力，拚命吼叫，主人頭也沒回，離我愈來愈遠，慢慢地消失在我眼前，我不清楚怎麼回事，主人再也沒有回來，天色漸漸變暗，我找不到回家的路。

走了幾天，一直走到腳破皮了，我坐在街道休息，好害怕……好孤單……好冷……好餓……突然有一個人看著我，問我說：「小朋友，怎麼了，你的主人呢？迷路了嗎？」我雙眼凝視著他，等了很長一段時間後，這個人說：「那，要不要和我回家呢？」 我不疑有他，來到了一個新家庭，大家都叫我陳皮皮。

幾個月過去，我們愈來愈懂得彼此生活習慣，新的家庭成員們都很疼我，而我最喜歡和葛格在一起，總是溫柔的摸著我和我說話、和我一起玩，小心翼翼地照顧著我，而我也慢慢成為一隻乖狗狗。雖然，我解剖過葛格幾件訓練的衣服，咬爛過葛格不少雙鞋子，偷吃過葛格最喜歡的餅乾，偶爾憋不住會亂便便，個性很好的你只是偶爾唸唸我而已，但我們還是成為了最親密的朋友。

有天，葛格帶我出門散步，走著走著，前方的身影和氣味是如此熟悉，是我之前的主人！我搖搖尾巴上前，他也一如往常的摸著我，他們聊了許久，甚至起了一些爭執，到最後，他們一個往左、一個往右走，我站在中間不知道要如何是好，但我從哪裡來，就要從哪裡回家，因為葛格真的很愛我，就這樣，原本的主人離開了，葛格開心的和我玩起來，還買了小餅乾給我吃，今天我有做對什麼事嗎？哎呀，不管了，有吃的最重要，呵呵。

雖然，葛格愈來愈忙了，我仍然每天等你，與你相處的時光，是我最珍惜的時候。在你心碎、失意時安慰你；無論你對或錯，我都只會默默支持你。有天，你看完手機後在床邊哭了很久很久，我在一旁也感到難過，從來沒有看你如此傷心過，在一旁用手抓抓你，把頭放在你的腿上，讓你知道不管發生什麼事還有我陪著，還有我在。

又過了一些日子，家裡出現了好多人，交換著紅色的紙袋，大家開心的聊天唱歌，我也被打上一個領結，綁上紅色的紙袋，大家和葛格看著我都哈哈大笑。看你快樂，我變快樂。這樣的日子過了很長一段時間，希望永遠這樣就好了。

但是，我的毛髮不再像以前亮麗，嘴巴附近也慢慢變成白色，常常會一直掉毛，讓馬麻每次吸地的時候都會一直碎碎唸，這幾天寒流讓天氣變的更冷，我比平常還慵懶，比以前還容易累、沒有食欲，需要更長的時間休息，我心裡知道，也許，那天就快來臨了吧……

皮皮：「汪汪！葛格你又要出國了嗎？
我也要去！請把我裝進行李箱裡好不好？」

看到葛格開始把一堆東西丟到三個大袋子裡，每當這時候，我知道你又要出遠門比賽了。半夜裡，我都會坐在一旁陪著你收東西，即使打瞌睡也不要緊，出發前一晚，葛格都會抱著我入睡，和我說好多話，我都會微笑的看著他，至於是什麼祕密，嘿嘿，只有我知道，除非你們拿餅乾給我，否則我是不會說的，哼哼。

早上行李開始不斷往外丟，你抱著我和我說了好多話，在門關上去的那一剎那，我是如此的捨不得，也好想陪在葛格身邊，陪你到世界各地。

好幾十天過去，我常常望著葛格的門，想著你，我們一起散步、一起奔跑、一

起出去玩的日子。葛格出去訓練，我會曬著太陽，半睡半醒的等葛格回家，我記得多少個晚上，我在被窩裡，鼻子哄著葛格，聽著他說祕密、說理想、說夢話。噢，那是多美滿的日子。葛格不在，就是馬麻帶我出去玩、跟我說話，其實沒有平常那樣快樂，只有拿好吃香噴噴的骨頭和餅乾誘惑我時，好吧，有時難免我會現實一下，嘻嘻！

有一天，馬麻接到一通電話，開心地聊起來，也叫著我的名字，我搖搖尾巴走過去，以為要去散步，馬麻把一個東西放在我小小的耳朵邊，竟然聽到葛格溫柔的聲音：「皮皮！皮皮！」我欣喜若狂的以為葛格回來了，拔腿狂奔衝向葛格房間、跳到床上，廚房、廁所到處尋覓葛格，我以為葛格像平常一樣和我玩捉迷藏，結果並不是。

葛格不在的日子，我有時夢見你，有時想著你，等待著你每天回家開門的鑰匙聲。只是，我的身體愈來愈虛弱，愈來愈沒有體力，甚至沒有什麼胃口，但是，我一定要盡力的撐下去，不能這樣就倒下，要等到葛格回來，見他一面。

有一天，熟悉的開門的鑰匙聲傳來，我興奮的衝到門口，看到把拔馬麻搬了一堆行李回來，上面有葛格的味道。

「皮皮！是誰？誰回來了！」媽媽說著，我跑到門口東看看西看看

皮皮：「葛格你回來了！讓我迎接你！」

都沒有人，失望的垂下尾巴。這時門一開，「皮皮！」真的是葛格回來了！我立刻飛撲到他身上，用著如此想念他的聲音，高分貝吼叫著抗議著，這擁抱是如此溫暖，我終於等到葛格回來了，終於見到葛格了。

接連好幾天，我們都生活在一起，不管到哪裡，葛格總是帶著我出門，也讓我吃許多好吃的東西。這段時間裡，我們形影不離，連葛格去洗澡，我也要進去看著，那怕一個不小心，葛格又出門離開我了。全家聚在一起的時光，我好歡喜，真希望能夠永遠這樣下去，和我愛的人，與愛我的家人。

但是，這幾天的天氣愈來愈冷，我覺得虛弱、不舒服，甚至吃不下飯，即使去看了醫師，吃了討厭苦苦的藥，還是一樣沒有什麼力氣。真希望能夠與你過每一天，你是我生命的全部，倚著你，是我一生中最快樂的時光，但願能夠長久一點……

只是，時間還是不夠長。凌晨，我慢慢的吸不到空氣，心臟愈來愈不舒服，也許，是告別時候了……

我爬起身站穩四肢，卻是如此的吃力，左搖右晃疼痛著的走到葛格門前，用盡僅有的力氣，敲著門想說：「葛格，謝謝你，這幾年，謝謝你這麼愛我，我要走了，要去當天使了喔……」

我慢慢的離開，走到另外一個房間，害怕被你看見，害怕看到你難過的樣子。視線慢慢模糊，眼前慢慢變黑，心臟好痛，慢慢的無法呼吸，我無力倒下躺在冰冷冷的地板上，我好害怕，但是我又好捨不得離開，想再見你最後一面，想要你抱著我。我用盡最後一口氣力吠著：「葛格！葛格！」

馬麻大叫著：「爸爸……彥博！快來，皮皮……皮皮……要不行了……」一聲門響，腳步聲快速前來將我抱起，大喊著我名字。熟悉的味道，溫暖的雙手，我已經看不見了，但我知道緊緊抱著我的，是我這輩子最愛的人，這一生，我好滿足，在我最後一口氣時你可以抱著我，我用盡最後一分氣力，重重地擺了擺尾，想告訴最愛的葛格說：「我愛你，我會永遠想念你，永遠保護你，也會永遠等你……」

我累了，躺下，想睡了，抬頭望著葛格、爸爸、媽媽慈愛的眼睛，醫師一直在幫我急救，我慢慢掉入了黑色的深淵，眼前最愛的你離我愈來愈遠。葛格，希望來生，我們還可以相遇在一起，再見了……葛格……再見了……爸爸……媽媽……我愛你們……

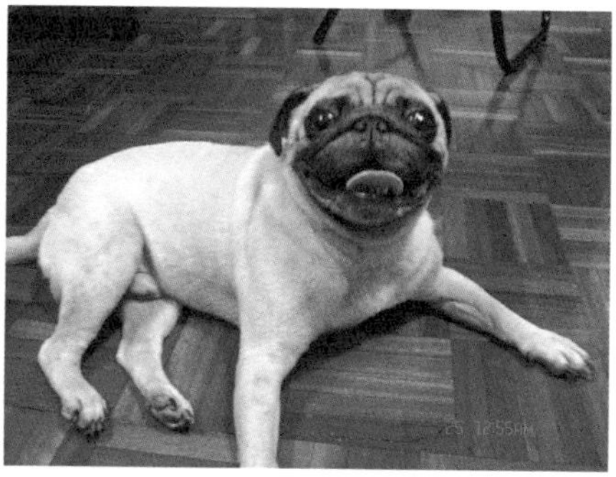

（上）小時候的皮皮。
（中）皮皮長白鬍鬚了。
（下）皮皮雖然離開了，我仍時常感覺到他的陪伴。

11 病痛，總在措手不及時來襲

皮皮離開我快要五個月了，我總是常常夢見他，連做夢都喊他；在我心中，他一直在我身邊。

或許是因為晚上常常睡不好，這一波冬天強勁的寒流，我的喉嚨一直斷斷續續疼痛，早上起床刷牙時都會發現黃色的痰，起初以為是感冒，並不以為意；沒想到感冒痊癒後，喉痛依舊。

我心想，可能是太累了，早點休息應該會好點。直到有一天，黃色的痰裡出現了血絲，我才開始擔心起來。我馬上上網查詢所有相關資料，一一符合所有症狀。我冒著冷汗、吞了口水，心想：「不會那麼剛好吧？」

我立即前往醫院的耳鼻喉科檢查。醫師摸了摸扁桃腺，決定以內視鏡檢查喉嚨。

「什麼？我沒有聽錯，是內視鏡！我怕死了！」心裡滴咕著。

看到一條長長細細的管子前端攝影機散出各種光芒，從鼻孔進入到鼻腔，再往下深入到喉嚨，感覺難過到眼淚都噴出來。醫師慢慢說：「在左側的地方有明顯腫大發炎和破皮流血，目前我不能推斷那是什麼。不過以醫學經驗來看，怕是不好的東西，有可能是咽喉癌，但不能確定，要提早馬上深入檢查。你什麼時候有空住院？」

我有點驚訝，以為只是發炎而已，不假思索的問：「醫師，我下個月馬上就要出國比賽訓練，是不是可以等比完回國後再安排？」醫師面色凝重，慎重又認真的對我說：「你的狀況需要提早馬上檢查。比賽可以之後再比，但是病情拖久了可能會惡化，你要想清楚，說白一點，這可關乎到你的生命！」醫師說完這番重話，我才徹底了解是什麼意思。「我們馬上安排三天後住院。」醫師說完這句話，便走到外面。我腦袋空白，整個人崩垮坐在椅子上。不可能……不可能的！不可能發生在我身上，為什麼，為什麼是我……我還那麼年輕……還有夢想沒有完成……

此刻，我終於能夠體會，聽到自己得了癌症的人，就是這樣的心境，瞬間，喪失一切生活重心，失去任何熱情，徹徹底底的被掏空、被擊垮，人生，已經沒有了任何意義，已經知道一半的死訊，另一半，只是時間上的拖延而已。我縮在角落，好害怕，會不會死……要不要化療……這世界原有的色彩變成了黑白，七大洲八大站的後面四場比賽，無法完成了嗎？我撥電話給二哥，結結巴巴告訴他這消息，請他別讓爸媽知道。

我失去鬥志，幾乎快要放棄堅持下去的意義，但是，每當回到家，我都裝作若無其事。只是對爸媽說，我要去外面訓練一個禮拜再回家。

二〇一一年六月六日，是我預定住院的日子。

但是，這一天上午，我並不是一起床就去醫院。因為，早在一個月前，我就答應了中國時報體育記者曾文棋大哥，要到康橋學校與紀政姊姊一起演講，時間在即，不好意思婉拒；另一方面我也不想讓大家知道我的病況，所以，一大早我仍如期趕赴這場演講。

講完之後，我馬上衝回家洗澡，提了電腦與比賽資料就趕去醫院。

報到時，護士小姐問我：「你好，請問你是家屬嗎？還是來探病呢？」等到我拿出報到單，護士小姐竟然摀嘴，表情誇大的說：「不會吧，你……還那麼年輕……要加油喔……」

她的反應讓我差點大爆炸，報到單上明明寫著咽喉癌切片檢查，是切片檢查，ＯＫ？真的是氣死我！

我住進雙人病房，鄰床是一位阿嬤，她看到我就驚訝的問：「少年ㄟ，你怎麼一個人，爸爸媽媽呢？」

「只是開刀檢查，想說不要讓他們太擔心，檢查完再和他們說。」

「按內喔！你很勇敢呢！」

病房的空間與氣氛讓我感到壓迫，幸好默真姐和好友惠敏在第一時間來看我。晚上抽血時，血色幾乎是黑色，讓我非常不安，連護士小姐也感到訝異。晚上十點多，爸媽突然走進病房裡，嘰哩呱啦的「唸」了好長一串，說怎麼不讓他們知道？原來是早上醫院打電話到家裡通知我住院，被媽媽接到。好吧，紙包不住火，只好一五一十都招了。我只是覺得，病情還沒有確定，不想讓爸媽擔心；但畢竟全身麻醉也有風險，需要家屬簽名。

第二天（六月七日）早上起床後，護士拿著奇異筆，在我的手腳動脈上方畫圈圈，打

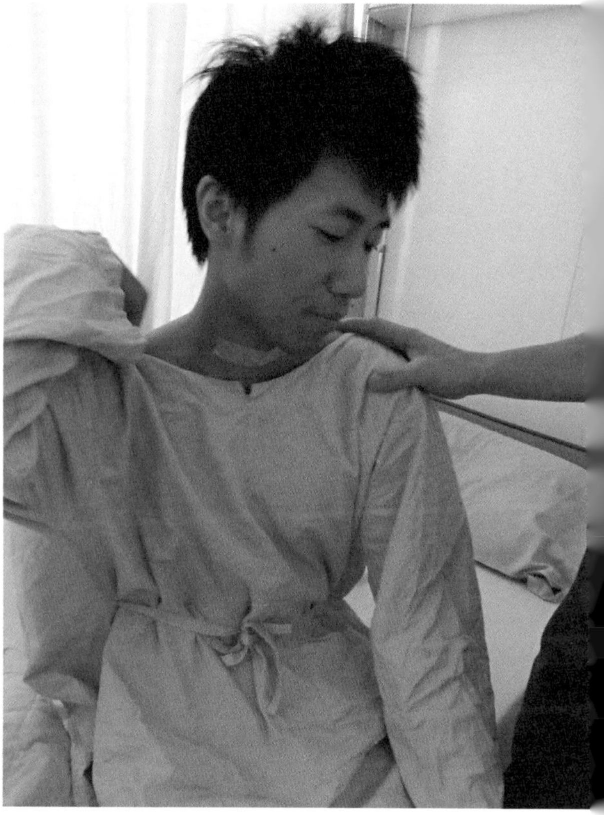

上點滴，我不禁有點擔心，接下來會發生什麼事。

第三天（六月八日）一早，我躺在病床上被推出房間，進了電梯，經過好長的走廊，看著跟在後方的爸媽擔心難過的臉孔，我不禁也內疚起來，不斷安慰他們說，我很好，不用擔心。

靠在牆角，手術室的門向兩側自動打開，冰冷的空氣讓我打了寒顫。我被搬移到一個較高的台子上，我緊張起來，不斷穿越許多門，身旁的醫護人員不斷對我說話：「你叫什麼名字？幾歲？知不知道今天要做什麼？」

我被推到一盞大燈下，搬移到手術台上，旁邊接上測量我心跳的儀器嗶嗶作響。為什麼我會在這裡……金屬與手術刀的聲音令我害怕，些微發抖著。麻醉師說：「現在開始施打麻醉，大聲的數一到十。」我張大眼，看我能撐多久，不信麻醉會讓我那麼快睡著，但是還沒有數到五，我就失去了意識……

眼前的燈漸漸亮了起來，出現閃爍的白光，我很害怕。在白光旁，我看見了皮皮。他

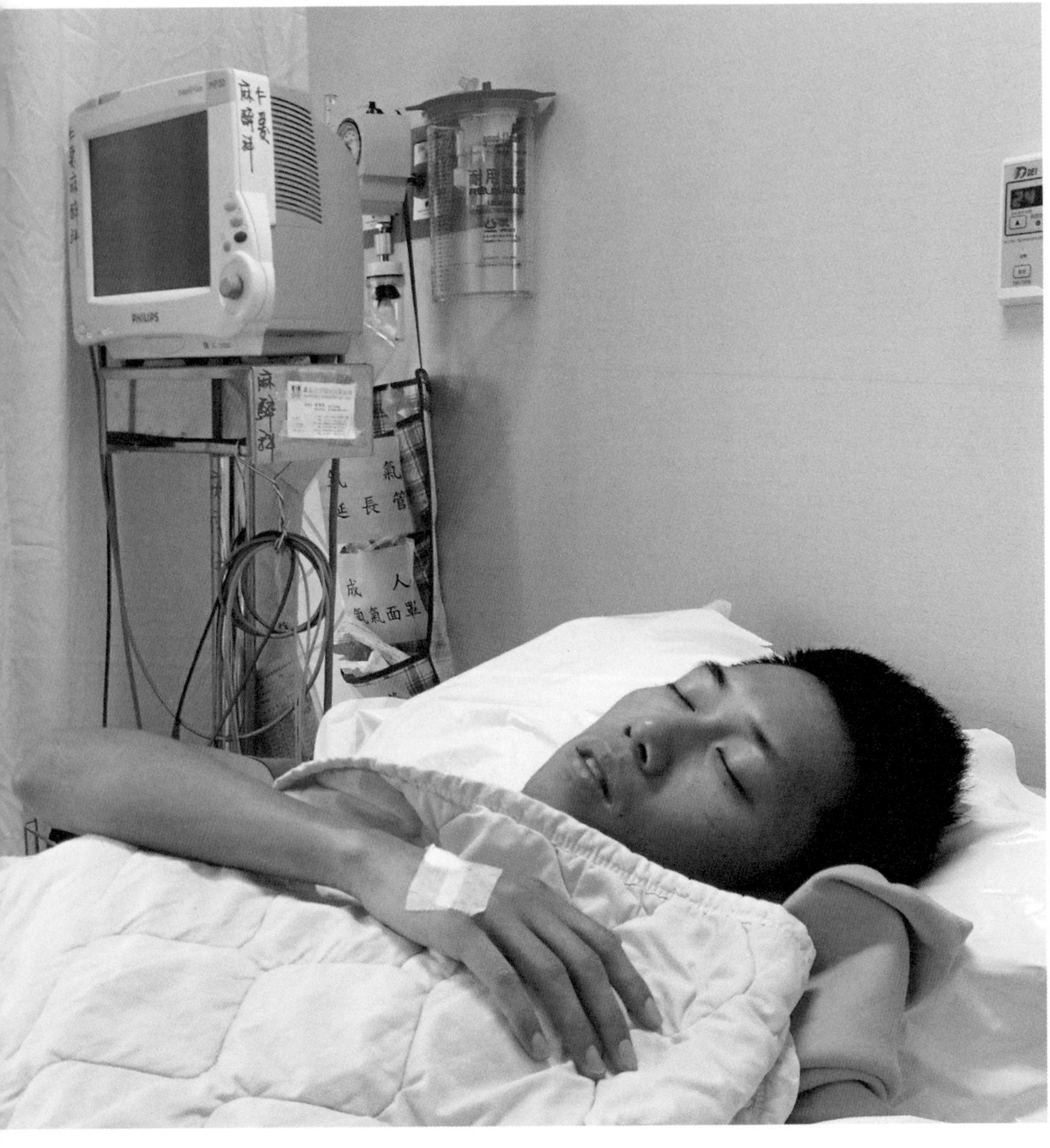
PHILIPS
麻醉科

站在右上方搖著尾巴一直看著我，一臉安詳。我輕輕問他：「皮皮，你來找我了嗎？葛格知道你一直都在身旁保護我，好想見到你，抱抱你……我會放心的閉上眼睛，與你相見……」

12 紀錄，只是虛有；體悟，才是最真

潔白的世界裡，我再度與皮皮相遇，一起奔跑，一起玩耍，一起騎車。皮皮開心笑著，我緊緊的抱著他，是那樣的真實，那樣的珍惜……直到一個力量把我拉走，皮皮搖著尾巴向我道別，慢慢的，我離皮皮愈來愈遠……

「陳彥博！陳彥博！可以醒來了！」

黑暗中出現了聲音，但就像在山谷講話一樣，不是很清楚。我盡力睜開疲倦雙眼，卻是茫白一片，什麼都看不見。眨眼中，我只能看見黑與白不斷變換，在黑與白間穿梭。爸爸在旁邊講話，我無法回答，只能抓抓手回應，又經過好幾道門閃著閃著，把我推回原來的病房。頭昏與沉重的疲憊感，讓我只想繼續睡覺，我覺得全身的壓力全部都釋放了，只想熟睡……

黑暗中出現皮皮的影子。他跑著跑著，愈來愈靠近我，在我頭上聞著，一直看著我……忽然間，我的雙眼能睜開了，視線慢慢變得清楚，我在病床上動彈不得，喉嚨灼熱劇痛。我看見護士說著一些話語，但是我的頭很重，眼皮也好重，我只想睡覺，我想繼續跟皮皮玩……

半夜醒過來，我看見牆上寫著六月九日凌晨兩點四十八分，怎麼也想不起來自己怎麼

會在這裡？我發現手上有一本極地日記，裡面還夾著我跟皮皮的合照。我覺得很心安，日記還在，皮皮還在，我鍾愛的一切都還在……但是我好想繼續睡……

一大早護士來把我叫醒，我覺得四肢無力，看見媽媽在一旁睡覺，我慢慢想起來，我摸摸極地日記與皮皮的合照，我真的感覺到，皮皮就在我的身邊。

「彥博，你昨天開完刀了，你的麻藥應該退得差不多了吧？看你昏昏沉沉的，一直喊皮皮……」媽媽擔心的看著我說。

我看著手邊的極地日記與我跟皮皮的照片，看著牆壁上的時間，二〇一一年六月九日八點半。我想起來，我是為了咽喉癌切片才緊急住院開刀的，沒想到睡了這麼久啊！

「你一定是太思念皮皮了，他都已經離開五個月了，你連做夢都喊他……」媽媽說。

我想起方才夢境裡清晰的皮皮，難過得想哭。

護士說，原本腫脹之處已經用雷射切除化驗，傷口靠近聲帶旁邊，連發出氣音都刺痛不已，護士還叮嚀：「開刀後三天都不能說話，否則傷口會裂開，只能吃流質冰的東西，就像讓傷口冰敷一樣。三天後如果復原良好，就可以出院了。」

聽護士這麼說，我看著眼前的雙腳，試著讓大拇指動一動，再轉頭看著點滴打進手臂的血管裡，還能跑嗎？我還能和以前一樣恢復水準嗎？是不是還可以去比賽？

我奮力用雙手想把身體撐起來，耗盡全力卻滿頭大汗，感到身體的虛弱。我失去信心，開始慌張、低落、疲累，也許今年無法參賽了……

這時，默真姐和惠敏拿了三大袋東西快步進來，看到我沮喪的臉，就大喊：「怎麼一臉悶悶不樂啊？彥博，打起精神來啊！平常你可不是這樣的！雖然不能為你做什麼，但是，把復原期交給我們吧！這些可是我拿手的喔！你看！你看！」默真姐興奮的從大袋中拿出一堆東西。

阿娘威！我兩個眼睛都亮了！有香草冰淇淋！巧克力冰淇淋！草莓冰淇淋！銅鑼燒冰淇淋！小美冰淇淋！紅豆豆花！阿華田啊！

「醫生說你只能吃冰的，接下來三天你都不用煩惱啦！有我罩著！」默真姐說。被她這麼一逗，爸爸、媽媽、惠敏在一旁拍著膝蓋笑得要死。

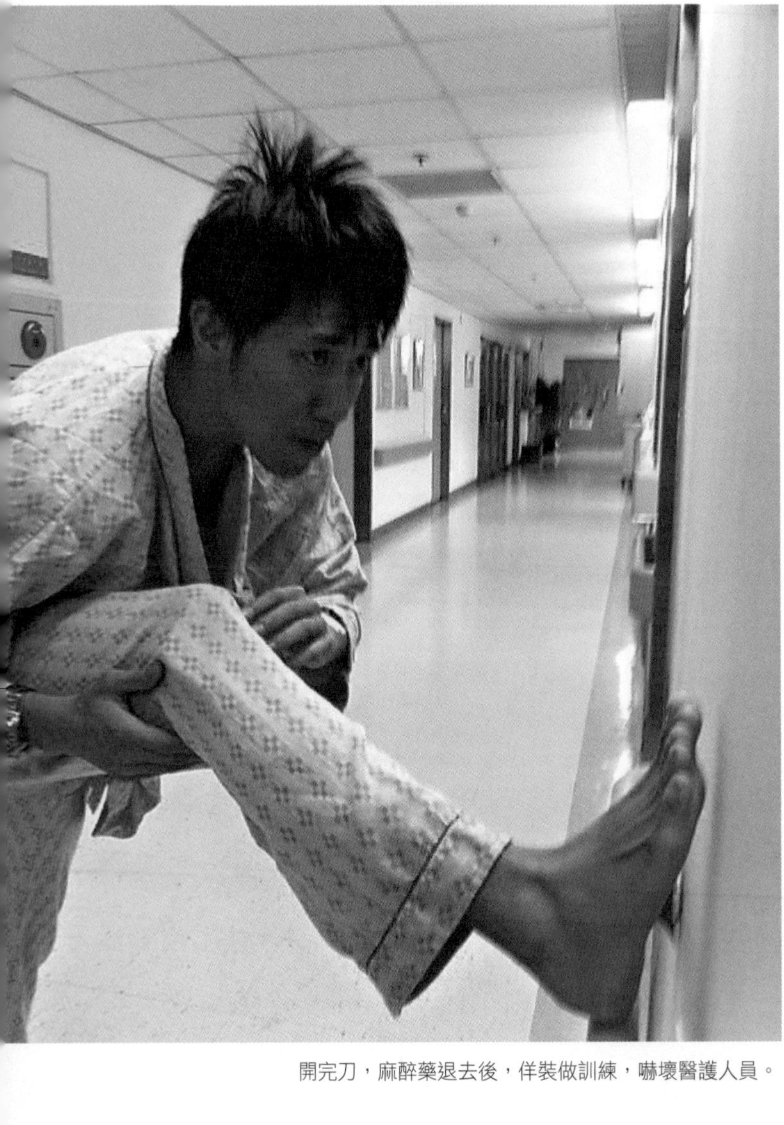

開完刀，麻醉藥退去後，佯裝做訓練，嚇壞醫護人員。

「少年ㄟ，剛剛頭髮很長那是你女朋友喔？很漂亮捏！白膚又白白的！」鄰床陪伴的女士問。

「誰！誰！在哪裡？」爸爸四處張望。

惠敏馬上回答：「剛剛走出去那個喔？那是彥博的哥哥（留長髮的重金屬樂手）啦！」大家又笑成一團。在我最脆弱、最要陪伴的時候，家人與朋友們陪在我身邊，是如此幸福的事。

手機鈴聲響起，慘了！是潘老師。我只好接聽電話，用虛弱的氣音說：「彥博現在重感冒，聲音沙啞沒有辦法說話，休息幾天就好了。」我在心中默默向教練道歉：「潘老師，對不起我說了謊話，請體諒小兒吧，只是不想讓您擔憂。您平時已經很忙了，我不想讓您為我的小事操煩。」

清醒之後，我光是嗑這些冰淇淋，就嗑到快昏倒。一開始吃得很開心，到後來覺得好恐怖，早、中、晚餐都有冰淇淋。我努力嗑完，默真姐與惠敏又馬上補貨，以後我應該可以做冰淇淋創意料理了。

開刀後在病房大量睡眠休養，有時半睡半醒，聽到媽媽、默真姐、惠敏趁我睡著時說著不捨、擔心的話，我都會轉頭假裝還在睡覺。有時候醒來，看著窗外陷入沉思，回想這幾年發生的事情，我不斷的鍛鍊身體，推到極限，到世界各地參加險惡的比賽，但是生命如此脆弱，不堪一擊，雖然看見這世界的美好，卻也換來身體慘痛的代價。我得要更加珍惜，珍惜身邊所擁有的，守護我心裡所相信的，在病床上想著在參加超級馬拉松賽中，路途中大自然帶給我的體悟、心理的衝擊以及自我成長，一點一滴，讓我在心靈上更富有，更容易滿足，更能夠去擁抱生命。獲得的獎項、頭銜與紀錄根本不值得一提，微不足道，只是虛有的一切，不能真正帶給我們什麼；如果害怕失去反而會用這些頭銜、紀錄和獎項來肯定自己。其實，心裡擁有的體悟與感性，才是最真。

這幾年，我幸運遇到許多貴人、許多教導我的前輩：老貓大哥指引我許多方向，不斷授予我社會不同的思維與價值觀。兆赫電子黃啟瑞董事長的長期支持，他讓我暫時不用為費用煩惱，只希望我能更專心的訓練參賽，在國際上繼續創下佳績。而在一次的演講中，認識賀寶芙 Matt 總裁，經由他推薦，我獲得賀寶芙公司一年的營養品與經費贊助。

我抱著感恩的心，感念周遭的一切，當我愈正向地看待自己與世界，愈吸引到正向的人。人生中一定會不斷出現順境、逆境，或是深陷泥濘，舉步艱辛，身體一定也會有健康與病痛；感謝這些經驗，讓我們有五味雜陳的情緒，才讓我們生命得以完整，持續在黑與白的世界裡，生與死之間，心跳持續跳動。當心跳停止，結束你的旅途，將會明瞭，原來生命曾經如此精采，而且簡單。

凌晨四點鐘，我睡不著，撚開燈，拿起旁邊的日記本翻閱，裡面有我之前從南極完賽後寫下的一段話：

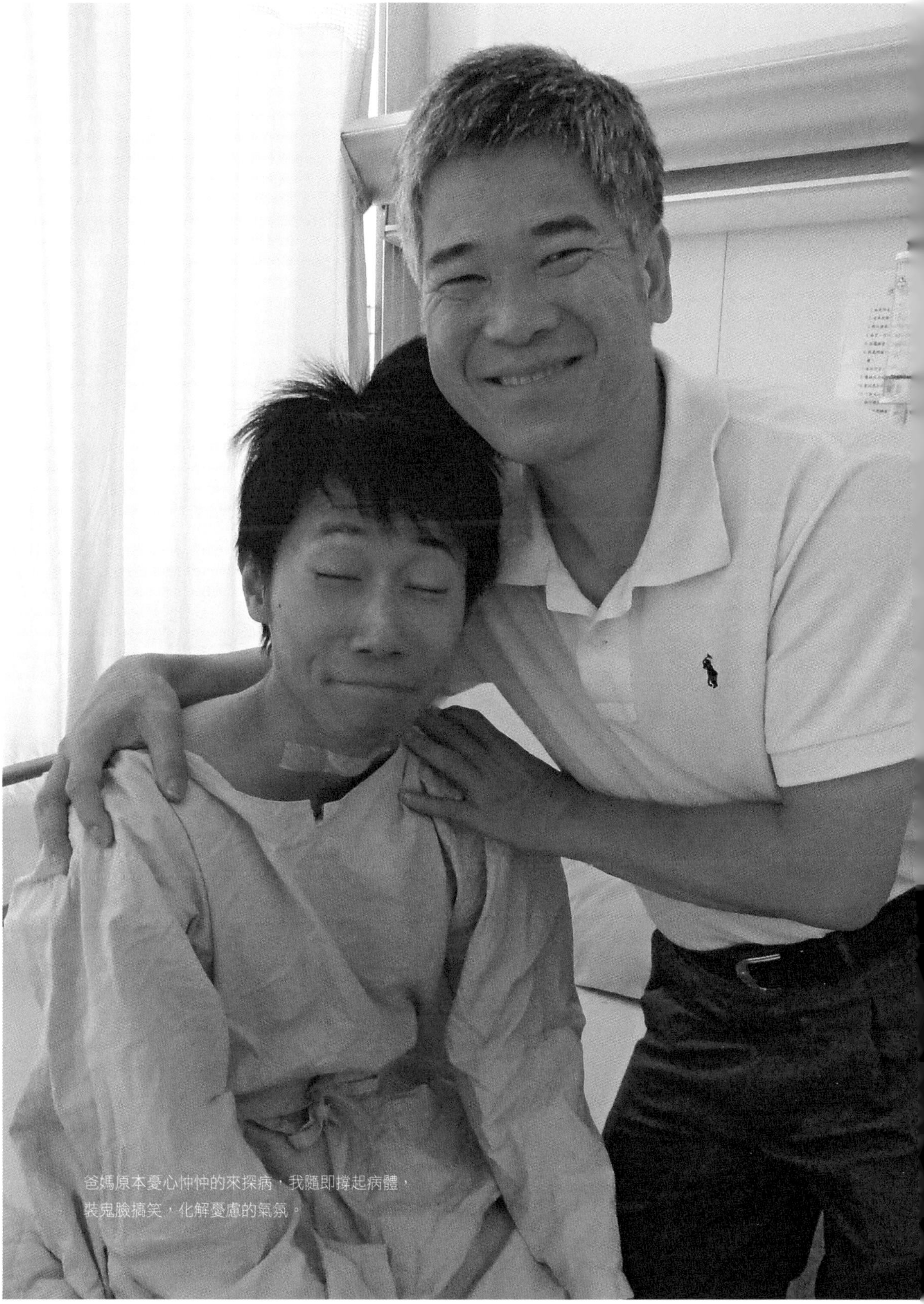

爸媽原本憂心忡忡的來探病，我隨即撐起病體，
裝鬼臉搞笑，化解憂慮的氣氛。

「那裡潔白的天堂，如此的美麗，但願皮皮你也在這，雪像雲朵，我正想像著你開心奔跑的樣子，皮皮，葛格好想你……」

最後一頁，數張皮皮的照片掉了出來，我終於明白，這幾個月以來，是我一直不肯承認，不願接受皮皮過世的消息，我總是難以入睡，一度以為皮皮還在家等我……

六月十日上午，出院的日子終於到來。

早上醒來，咦？桌子上怎麼有一張卡片，上面還貼著紅色愛心貼紙。我終於吃完最後一桶冰淇淋，還一邊得意想著，該不會是護士寫給我這英俊小生的告白卡片吧？

結果打開卡片，上面卻寫著：「生日快樂，恭喜出院。○○醫院關心您的健康。」真是窘到了極點，我竟然連自己生日都忘了；而且生日竟然住在醫院裡，真是令人不開心。

打開家門時，想到皮皮已經離開了，讓我非常傷心，我坐在客廳沙發上發著呆。

這時，門鈴響起，我慢吞吞走過去開門。

啊！「是默真姐和惠敏！妳們怎麼來了！」我很訝異。

這時候，她們的雙手捧著一個巨大的東西，推到我面前。

天啊！竟然是點上蠟燭的冰淇淋蛋糕！啊啊啊啊！又是冰淇淋！不要再來了啦！

在都市生存與人類文明中，
你可以麻木不仁，
你可以麻痺自己，
但在心臟停止跳動前，
你不可以不給自己第二次機會，
放開束縛去尋找自己。
跑吧！跑是向外拓展，
也是向內挖掘，
那是探索自我的渴望，
尋覓內心僅存的，另外一個自己。

第三篇

世界七大洲八大站超級馬拉松第四站：

南非喀拉哈里沙漠
7 天 250 公里超級馬拉松賽

13

蹲下，夢想停格；起身，夢想前進

手術後，主治醫師對我下禁足令：閉關兩個月好好休養身體，因為傷口需要時間癒合。我每個禮拜都要回醫院檢查，長長的管子從鼻孔進入喉嚨，每次都難過到噴淚，我還幽默地說是被主治醫師「深喉嚨」。

我不能大聲講話，不能運動，連跑鞋都不得碰，只好把每一雙跑鞋都洗過一遍，看著底部被磨掉的角度與痕跡，算一算到現在所累積跑過的距離與公里數應該很可觀。

這段休養的日子，我才知道什麼叫生活，慢活，快活，注意到生活中從未在意的部分，進入家人生活的時間與步調，看到平時忽略的細節，正常的三餐作息，生活沒有緊張感。靜下來後，一切都在安然中慢慢度過，是安定，是穩定，也是愜意。但是，我知道我依然會穿上跑鞋，繼續跑下去。

日本跑者安田先生先前捎來訊息，邀請我一個月後一起參加希臘奧林匹斯高山馬拉松賽，我馬上就答應了，也好讓自己設下目標，給自己時間恢復體力。經過討論，訂好時間後，我們相約希臘，再一同前往參賽。

三十六歲的安田先生是我二〇一〇年赴北海道雪地訓練時認識的選手，在日本相當照顧我，也指導我許多雪地技巧。

我休養快一個月後，按捺不住性子，腳也癢了，在徵求主治醫師同意下，我試著開始回復訓練，從基礎的慢跑開始。然而，這是一條漫長辛苦的旅程，一切從零開始，光是慢跑三十分鐘就已經筋疲力盡，喘氣時，傷口更是疼痛不已，每次吞口水更是刺痛。當停下來休息時，我都會看著自己的雙腳想著：「還能跑嗎？還能和以前一樣嗎？」

我訂下一個月的目標，每天規律的生活，補充營養，回復訓練表循序漸進，把身心狀況調整好回復六〇％，準備參加希臘的奧林匹斯高山馬拉松賽來測試體能。

飛到義大利羅馬過境旅館一天，交通時間漫長我早已憋不住小號，衝到廁所門一打開我都慌張了，「怎麼會有兩個馬桶?!大小便要分開？另一個是洗臉台？」且慢！大家可別亂來，詢問之下才知道歐洲廁所常見有兩個馬桶，一個是大小號用的，另一個沒有蓋子則是洗屁屁的，可不要誤會啦！我差點就誤以為要用洗屁屁的馬桶拿來刷牙洗臉，差點沒嚇死，不過聽說還有不知道的人還在上面大號，結果全部都塞住……

抵達神聖又浪漫的希臘，這歷史悠久的城市，可有說不盡的故事，西元前四九〇年希臘聯軍打敗波斯軍隊，一名受傷的士兵從戰場跑回雅典宣布勝利後便力竭而

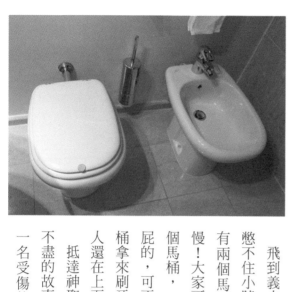

死，這距離便是馬拉松的由來、一八九六年雅典舉辦第一屆奧林匹克運動會、特洛伊木馬屠城記、希臘神話、雅典娜、卡通聖鬥士等。奧林匹斯山（Olympus），是雅典神話裡神的山，主神宙斯、眾神和半神都居住在這裡，又稱「光之處」，據當地居民所說，只要能夠完成這場四十四公里山徑馬拉松賽，橫越三千二百公尺山頂，限時十小時內就會受到眾神的眷顧與祝福，也是最接近神的地方，所以大會名稱又叫做「Running With The Gods」。

說來奇妙，二〇〇九年我前往東方神明佛陀的住所，西藏，做移地訓練，前往布達拉宮朝拜。二〇一一年我來到西方眾神的住所，奧林匹斯山參賽，前往宙斯宮殿禱告，我是受到四方神明眷顧的幸運孩子。

也正好，希臘的這場馬拉松賽，我當做為自己安排的復出測試賽。這一趟，我的最大目標就是：完賽，回復平均配速水準，也是在參加非洲賽之前，給自己的訓練，期許眾神們給我力量放下一切重新開始。

早晨看著前方海拔三千二百公尺的聖山，閉上眼想像著，踏上山徑，翻越它，完成賽程；這裡將是我重新出發的考驗，好久沒這麼緊張了。

起跑大約十分鐘後，喉嚨開刀傷口有點卡卡乾乾的，我喝了口水潤潤喉，心想也許是空氣太乾燥的關係，不適感還是存在。隨著速度增加，換氣頻率愈來愈快，沒多久，頭突然暈了一下，鼻子流出東西來，我以為是鼻涕，沒想到一擦，是血！而且愈流愈多，愈流愈快，像水龍頭一樣不斷，我被迫停下來。

安田先生嚇了一大跳，馬上停下來陪我。但是我不想拖累他，便揮著手說：「沒關係，我不要緊，你儘管往前跑吧，很抱歉不能與你跑一起。我休息一下，咱們待會見。」

我低頭蹲在路邊止血，沒有衛生紙，只好用手指頭緊壓著鼻頭，十分鐘後，全部的選手都已經往前跑光了，只剩下我一個蹲在路邊，看著從鼻子裡慢慢流出來的血，滴滴答答在地上濺起，人行道磁磚已經流成一攤紅色，雙手、臉頰、脖子與衣服上全被自己的血染紅，我很怕傷口裂開止不了血，不知如何是好，只能試著先緩慢呼吸，把心跳降下來，祈禱血小板趕快起作用。

十五分鐘後，鼻子裡的血應該凝固了，我慢慢起身往前走要回到賽道。但是，不到十步，血又再度從鼻子流出來，第一次，我有了棄賽的念頭：

「傷口不知道有沒有裂開，看樣子，應該不能跑

我將希臘的這場馬拉松賽做為病後復出的測試賽，以賽代訓。

了……回去飯店吧……」

「好歹也試一試，都花那麼多錢來到這裡了，再休息一下看看也許就好了。」

「血還在流，要怎麼跑，反正是最後一名了，何必強求自己……」

「混蛋！這場比賽是你給自己重新開始的機會，給我站起來！」

內心劇烈的拉扯著，最後，我終究說服自己繼續下去。等待止血後，我慢慢往前走，到了山腳下，醫護人員看見我，馬上過來幫我檢查：「發生什麼事，你被車撞到了嗎？怎麼會有血跡？」我不敢說是之前開刀的傷口，因為這會讓我無法繼續參賽，只說是跌倒。

「山頂海拔三千二百多公尺，傷口有可能會因為壓力裂開出血，你確定要繼續？」工作人員問。

我知道這場比賽對我來說有多麼重要，也相信能夠跑完，便簽署同意書，開始進入陡峭的山徑，往山頂邁進。

雖然一路上的不確定感隨著高度爬升不斷增加，不知道自己是否有這能耐，但是，從最後一名開始慢慢往前追回名次時，一一超越許多跑著，也慢慢恢復些許信心。腳步達

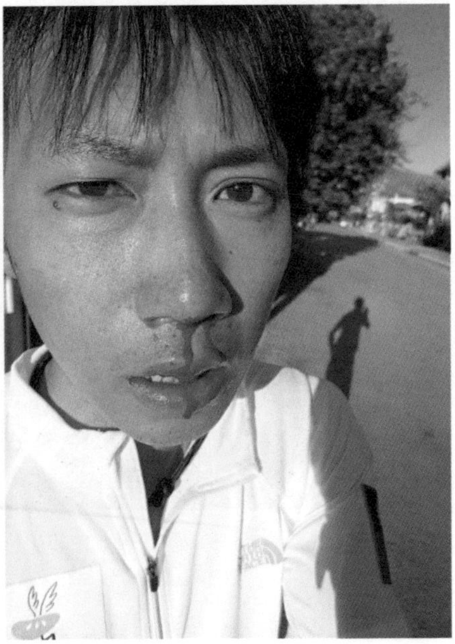

因為空氣乾燥，起跑後，開刀的傷口血流不止，一度使我喪失鬥志。

達響著，我找回往日的節奏感與動作，試著讓體能維持在一定範圍內，即便在途中傷口有些許不舒服，流了一些血，我已不放在心上。

我尋回往日的熱情，再度感覺心跳的怦怦聲響，也深深吸引著我。穿越樹叢帶領著受傷的身軀前進，咬緊牙根，奮力登上山頂時，在寒冷的風中，我握拳搥胸，大聲為自己喝采。隨之，寬闊的心靈開始修補了我的軀體，不需要任何藥物，不需要任何擔憂。

原來，治療自己的方法，是每天給自己多一點點的勇氣，去相信你所相信的，然後再一次讓心裡的世界重新綻放，再次感受心跳，再次感受呼吸，再次讓自己親眼見證。心開了，煩惱解了，不確定感消失了，也再度找回那份存在的肯定。

簽署同意書後，進入陡峭山徑，往山頂邁進。

大會限時十小時，我終於在最後關頭九小時又三十四分回到終點，起初原以為身體的病痛讓我已經無法繼續跑步，沒想到我做到了，更重拾以往的信心。

夢想之旅即將繼續展開。

經歷了這些，心平靜很多、很沉穩、感覺自己也長大了許多，能面對不同的生命經驗，並能感受它。

756
CHEN Yen Po

心開了，煩惱解了，不確定感消失了，也再度找回那份存在的肯定。

14 大自然，深不可測的挑戰

希臘的以賽代訓，讓我終於重新站了起來。回台灣休息一段時間後，我又為自己安排一場澳洲一百公里的超級馬拉松賽做為訓練，希望能找回比賽的感覺。

二〇一一年九月二日，我前往澳洲西部金柏利（Kimberley）荒漠大草原，前往比賽地點時，在大巴士上看到沿途的草原有多處飄起黑煙，主辦單位在車上解釋著：「各位看到的黑煙別擔心，那是澳洲每年夏季高溫乾燥都會有的野火（Nature fire），為了防止造成大規模的森林野火，這裡都會有人工控火（Control fire），針對一些地區先行焚燒。我們這次的比賽路線是安全的，但要特別注意脫水和中暑的狀況。」

澳洲塔斯馬尼亞大學教授在二〇一一年發表的報告中指出，世界各地因為野火、炭火以及對農地進行受到控制的燃燒，每年造成三十三萬九千人死亡。這是首度對野火造成的死亡人數作出評估，不僅如此，每當盛夏來臨，世界各國都發生森林大火的震驚消息。

只是，沿途中，連公路旁的乾草都被大火延燒，離我們只有一公尺，經過時還是不免緊張起來。

抵達比賽地點，從冷氣巴士下車，我吸了一口氣，卻因悶熱乾燥的氣候而震驚：太陽猛烈的照耀，連風都是熱的。

八點三十分鳴槍起跑，大會的種子選手是南非的跑者，他是二〇一〇年「喀拉哈里沙漠七天二百五十公里超馬賽」的冠軍。我曾經在賽前向他討教了許多經驗，果真，鳴槍起跑出發後，他帶領第一集團約十九位選手率先衝出，我緊跟在後，耳邊啪噠噠聲音也遽然響起，大會的直升機也起飛記錄這場盛大的賽事。賽程達一百公里，將跨越草原、峽谷、荒漠，加上攝氏四十五度高溫；這場以賽代訓，難度相當高。

此次比賽的直升機記錄影像將會提供給國家地理頻道，用來介紹澳洲環境生態與比賽。直升機起飛後沒多久，就低空四十五度從我們正前方俯衝過來，實在太

我吸了一口氣，因為悶熱的氣溫而震驚，攝氏 45 度的高溫，比賽難度相當高。

靠近了，我害怕被旋螺槳砍成兩半，刺激到心跳爆表想閃避。隨後一陣塵土飛揚，所有人都蒙上面罩。

隨公里數慢慢的增加，比賽路線開始變化。

在八公里處，我看到路邊有一隻死掉的小袋鼠，推測是因為汽車車速相當快，平均時速是每小時一百公里，袋鼠只要從草叢跳出來，常常都會發生意外。我無法停下來安葬小袋鼠，因為正在比賽當中，心裡產生了很大的矛盾，不知如何是好，只好帶著難過悲傷的心情，繼續前進……

九公里過後，經過第一個檢查站，還緊跟著第一集團，每公里的配速也恰到好處。到十八公里處的第二檢查站，狀況也都相當好，一直到進入第三檢查站，開始要涉水爬峽谷，進入岩石草原地形，難度增加，讓所有選手吃盡苦頭。

嚴重的意外……就在這發生了……

草原下有許多碎岩石和小石頭，跑步時幾乎看不見，每一步都很難踩穩，不然就是差點跌倒；或是踢到石頭飛起來打到另一隻腳；加上一些草都會割傷腳，痛到劃出一道長長血跡的傷口，狀況連連。高溫的折磨，水分的限制，攀爬的地形，已經令我上氣不接下氣，慢慢地開始落後，此時，後方選手已經開始慢慢追上我。為了重新調整配速，等待身體機能回復，我刻意把速度慢下來，趕緊吃一些營養補充棒和提高血糖的補充品。

兩小時過後，再度出發，快速追往第一集團的選手們。我腳步輕盈，從草原與岩石間快速飛奔而過，在三十分鐘後，我已取得第一集團中間的位置，排名在第六名。最後一

猝不及防，一陣森林大火已經往我所在之處燒來，驚險萬分。

個峽谷出去後就是一大片荒原，我們快速的攀爬而過，俯衝下坡到草原，這時空氣中開始聞到嗆鼻的味道，四周感到愈來愈熱，耳邊不斷聽到「啪啪」聲響，抬頭一看，正前方一陣陣濃密的黑煙，快速直撲我們而來……

「那是什麼?!」國外選手大喊著。

「火！是大火！」

「該死，快跑啊！大家快繞路！」

才剛說完，正前方出現大火，熊熊火勢快速往左右延燒，快要把我們包圍，黑色的濃煙直撲，嗆到讓我快無法呼吸，眼睛燻到睜不開，一直流淚。我閉上眼睛拚命加速往左跑。原本的藍天已經被黑煙籠罩，飆高的氣溫讓全身發燙，直逼腦門，奔了十五分鐘後，終於離開火勢延燒的範圍，繞了一大段的路才重新找回賽道，真的很驚險、很恐怖。但是，如此靠近火勢的高溫已經讓我脫水，到四十公里處時已經感到頭暈、想吐……

比賽一直進行到下午五點多鐘，完成了五十四公里，抵達第五檢查站，想不到我的排名還前十名。氣溫驟降，夜晚來臨，我拿手的時刻來了，太好了。卻聽見工作人員從無線電傳來消息：「這一區與前方都發生森林大火，阻斷前往的路段，任何選手都不得離開檢查站，等待大會通知直到放行。」

我開始整理裝備，準備最後五十公里的衝刺，但一小時過去，仍然等待不到任何消息，直到我們再度聽到無線電傳來：「有選手被燒傷，比賽全部取消終止！請各位選手待在檢查站，我們會用吉普車接送你們回來。」什麼！我應該沒有聽錯，比賽取消終止了？到底發生什麼事？

我們充滿疑問，在伸手不見五指的黑夜中等了三小時，直到晚上十點鐘，終於有吉普車來接我們回去。直到隔天早上，才知道發生了嚴重的意外……

第二天上午十點三十分集合開會時，氣氛相當凝重。主辦單位告訴我們事情發生的經過：「昨天下午一點多鐘左右，峽谷後方的草原突然出現森林大火。第一批較快的選手通過皆平安。但在三點多鐘，火勢愈來愈大，我們緊急派出直升機和救護車前往救援，但第二批的選手仍有四人被燒傷，其中兩人有六〇%至八〇%的燒燙傷，已用直升機緊急送往達爾文醫院和伯斯醫院急救。我們已經通知患者家屬，目前還在等待進一步消息……」

火勢傷及選手，主辦單位緊急派員救難。

聽到這裡，有一位傷者的朋友憤慨地大聲問道：「你們一開始就說會有Control Fire，那為什麼會在賽道上出現？我們無處可逃，只能往峽谷上爬等待救援！你知道這有多恐怖嗎？我們無法去救他們！只能看著他們在下面被大火燒傷！到底是Nature Fire還是Control Fire？你們怎麼會搞不清楚？」

主辦單位只是一直向大家道歉，並說，已請國家公園和警察前往調查。確定的是，比賽終止取消了……

工作人員描述：「昨天吉普車根本沒辦法靠近，火勢太大，一直到晚上都還在燒。等到直升機過去時，看到一群人爬上峽谷揮布條求救，救護人員馬上為燒傷的兩人靜脈注射，皮膚已經像是蛇皮一樣……」

參加野外超級馬拉松賽的挑戰之一就是：大自然的動向與能量釋放，人類永遠無法掌握。這一次的移地訓練比賽讓我學到，主辦國際比賽有許多細節，從籌辦組織開始，就必須要嚴謹的執行，賽道的規劃，即時的監控，包括選手的位置與安全性；最重要的是，大自然環境的變化，是最大的危險因子，因為它永遠無法被控制。這也讓我學到，如果將來台灣主辦國際超馬賽，發生緊急事故，該如何處理，該如何防範和救援。這次的以賽代訓，將是我赴非洲比賽之前的寶貴一課。

鱷魚在溪谷中伺機而動，令人深覺澳洲內陸比賽的危險。

「How to run a race like this?」目睹大陸板塊交界的地勢，我不禁自問。

15

跑不只是跑，還要吸收知識

細數世界七大洲八大站超級馬拉松大滿貫賽，我已完成喜馬拉雅山、北極點與南極洲的賽事。這三站都是挑戰寒帶低溫與極地環境，身體已經適應零下低溫的比賽環境，但是，在夏天訓練時卻撐不了多久，所以，面對第四站的非洲賽事，我一直不安，提心吊膽。因為，如果要問這八站中哪一站最熱，答案肯定是第四站非洲莫屬。我之所以利用希臘高山與澳洲一百公里以賽代訓，就是要調整體能狀況，讓自己更耐熱。

從澳洲回國之後，更特意在中午高溫下加強訓練，鍛鍊身體的耐熱度；並且想出各種奇招，用最嚴格的方式來鍛鍊自己。

在炎熱的夏天，我就先把家裡的冷氣遙控器藏起來，還向爸媽下戰帖：「為了備戰非洲的比賽，這個夏天我都不會吹冷氣、不吹電扇、不喝冰水和吃冰，省下的電費打賭一杯珍珠奶茶。」

爸媽馬上笑著說：「喔！這麼有決心喔，真有『凍逃』，我看你能撐幾天！」

有天正中午熱烘烘，在家連開電扇都還會悶熱到流汗，爸爸打算要開冷氣，我馬上接著說：「不行！我在訓練，撐了二天不可以開冷氣！開了就破功了！」

於是，我和爸媽坐在餐桌上吃麵過沒多久，三個人額頭開始冒汗，愈流愈多，滿頭大汗，臉頰紅潤，衣服背後也都濕了。慢慢吃著麵，你看我，我看你。媽媽說：「這夏天有夠熱，家裡簡直像是烤箱一樣，咦？啊！怎麼沒開冷氣？」

「彥博說他在訓練，要我們都不能吹。」爸爸緊接著說。

「正所謂心靜自然涼？你沒感受到嗎？」我流汗吸著麵回答。

「涼，涼你個鬼啦，沒看到我在廚房煮飯給你吃，熱到全身都是汗嗎！也不替我想一下。」媽媽開始動怒流汗。

「妳看，剛講完妳就動氣，靜不下來才會熱啊！」

「我等等不拿皮帶抽你就不是你老母！」媽媽開始火大冒汗。

「那！妳看妳，火愈來愈旺了，學佛師傅告訴我們心要靜。」

「你再不拿冷氣遙控器出來，我就叫你正中午去外面罰站。」媽媽開始暴怒噴汗。

在母親快氣昏之下只好按下「嗶嗶！」，打開冷氣頓時讓媽媽降溫。

但是我自己可不能放棄。我洗澡洗熱水；白天訓練完還拖陪練員剛果、小強去泡溫泉熱池看誰撐的久，差點沒在裡面昏倒；晚上睡覺則是學雲林阿嬤一樣，拿一把扇子躺著慢慢搧風，結果，熱到整個晚上翻來覆去都沒有睡，告訴自己：「要忍，這可是非洲前的自我訓練。」好不容易撐到半夜三點鐘，終於靜下來快要睡著時，突然出現兩隻蚊子，「嗡嗡」在我耳邊不斷騷擾，理智「神經」馬上「斷裂」，我受不了啦！簡直是火燄山大爆發。快速把兩隻蚊子擊斃後，「嗶嗶」一聲，第二天我就破功了……

接下來一直到出發前，還真的習慣了夏天都不吹冷氣，也為非洲準備前進一大步。不過坐在室內吹著電扇，看著非洲比賽的網站，還真的無法領教那種熱，打從心裡還是有點抗拒。

主辦單位在報名表醫療單上特別註明，在下午與晚上時蚊蟲會特別多，所以特別要求每位選手事先施打黃熱病疫苗，並準備服用瘧疾藥的證明，更要注意破傷風、熱衰竭等，要前往非洲與拉丁美洲等以大自然環境為主的國度需要做好預防，這些疾病多半由蚊子為媒介，藉叮咬傳播病原體，發病將會有發高燒、痙攣、噁心、肝功能異常、尿血等症狀。還沒比賽就先在醫院挨了幾針，心想：「阿娘威，不就是在大自然中跑步嗎？原來還有這麼多我不懂的事情，需要了解的知識。」

沒錯，跑不只是跑，更需要每一場比賽中不斷重新學習、搜尋資料、做足功課、學習更多相關專業知識，做好萬全的準備來降低突發狀況的風險，萬萬不可因為有幾次的極地賽事經驗，就鬆懈下來。

比賽地點位於南非的喀拉哈里沙漠（Kalahari Desert），長年氣候乾燥炎熱，白天溫度逼近攝氏五十度，夜晚則會降至六度，日夜溫差極大，年均降雨量約二百毫米。地理學家認為喀拉哈里沙漠在一萬六千年前形成。

我上網仔細研究後發現，比賽環境包括古沙漠、草原、峽谷以及舉步艱辛的碎石路，隨時都可能有野生動物出沒，更讓比賽充滿了未知的危險。維持七天的分站賽，每天公里數分別為三十三公里、三十一公里、四十一公里、七十四公里（兩天）、三十七公里、二十五公里。選手必須自行背負著所有裝備，七天所有食物、睡袋、睡墊、電池、頭燈、指南針、地圖、瑞士刀、針線、彈繃、防曬乳、防水火柴、鏡子、急救毯等，約十八公斤重，並自行調配跑步與休息時間，跑完全長二百五十公里。

這八站的極地賽事，也許，這輩子只有可能去一次，如果無法留下紀錄將會很遺憾。所以，我考慮商請專業人士同行，幫我做拍照錄影紀錄，雖然總費用會高出一倍，但我想，能夠留下在世界各地參賽的壯麗影像，返台後與人們分享過程的感動，應該很值得。好友惠敏是剪接高手，她正好有空，願意同行為我錄影。這實在太好了。而我們兩個人都是開朗樂觀的個性，每天打打鬧鬧，笑到肚子痛，應該也能幫我解除不少壓力。有了好朋友的陪伴，路途不再孤單。

16 旅途的凶險，有時比大自然還可怕

告別台灣，踏上前往非洲的十四小時漫長旅程，從台灣飛往曼谷，再飛往南非首都約翰尼斯堡（Johannesburg）。

抵達約翰尼斯堡機場後，我推著五大件行李，在機場內向一位瘦瘦的黑人地勤人員詢問前往飯店的巴士，他相當熱心的回答後，突然伸出手來搓了兩下。我以為他要握手，應該是這裡的風格吧，於是和他嘻哈式擊掌握手饒舌說 YOYO 後就離開，結果他突然一直跟在我們身邊，貼得很近不肯走，一直用手肘拐我腰部幾下，接著又把手伸出來，看他的眼神我才知道是什麼意思：「給小費。」

什麼？不會吧？這裡可是機場耶！向地勤問路還要給小費，也未免太誇張。我說 Sorry 後就快步離開。沒想到他盯得更緊，走了大半個機場後，還在耳朵旁碎碎唸：「我今天還沒吃飯，還有家庭要養，給點錢吧。」

我與惠敏快步走到巴士的接駁點，沒想到那位仁兄二話不說就自行把我們的行李搬上巴士，隨後一直伸手看著我，直到司機見狀後示意我隨便給點小費後快上車，還說：「在這裡有時都會這樣的，不想惹麻煩給點小錢就沒事。」聽完後，心裡毛毛的。在機場都這樣了，那進入市區呢？

南非三十萬前年因為高壓與高溫，改變地質結構，是金礦最多的地區。不過，來到總

搭車前往喀拉哈里沙漠，親見當地人生活條件的艱困。

人口三百二十萬，半數以上都是黑人，被冠以「世界第一危險的都市」、「暴力兇殺之都」、「赤血之城」的首都約翰尼斯堡；出發前耳聞一些從南非回來的朋友分享：出了飯店，手錶、吊飾都不要戴，身上的錢也要分開放；未攜帶金錢的旅客通常都是被脫光衣服只剩下內褲回來；光天化日下就會發生搶劫，連我們住的旅館外都會有配槍警衛守著。所以，初來兩天，我只敢在飯店附近訓練，適應後，就趕快回飯店休息，深怕有危險。

與主辦單位碰面後，兩台巴士運送各國選手前往一千公里外的喀拉哈里沙漠。

車程十一個小時，從早上七點

鐘一直到下午六點鐘，只休息一次（三十分鐘）。因為長途開車，司機大哥竟然在中途不小心睡著，車子偏離公路衝向一旁的沙漠，我們還以為要翻車了，嚇得魂都要飛出來。

長途跋涉讓每個人都腰痠背痛，路途中，可以看見慢慢遠離都市風景，進入荒野的沙漠，除了乾草外，什麼都沒有。到了中午，大家都感受到一股熱氣，從窗外吹進來。車內氣溫飆高，前方的柏油路也因高溫而產生蒸氣，「壓~呼！歡迎來到地獄沙漠！」工作人員呼喊著，而我不禁擔心自己是否能在這嚴酷高溫下跑完二百五十公里。

正式比賽之前，選手都必須先上求生課程，內容包括：環境須知、野生動物、比賽規則、裝備檢查、緊急狀況等，在每一個檢查站都將會有醫生進駐並檢查選手狀況。在課程中，主講者不斷提醒：「千萬不要小看這裡的高溫，因為你將會毫無知覺的大量流失水分，在無意識下造成脫水或熱衰竭。每隔十分鐘就要補充水分，也要拿捏好補充卡路里的食物，並必須謹慎注意身體的狀況，每隔一到五公里之間就會有一個紅白緞帶標記，意味著你在正確的賽道上，它可能綁在樹上、草叢、石頭等顯著的地方……」

法國選手迪安（Didier）突然舉手發問：「如果我們迷路了呢？萬一都找不到標記的話怎麼辦？」

主辦單位馬上回答：「如果很久都沒有看到標記，超過三十分鐘以上，就表示你跑錯方向。切記，如果迷路的話，不要繼續往前跑。停下來，找到剛剛跑來的路線並回頭。注意，千萬不要把動物腳印和自己的鞋印看錯了，多數人都會犯這些錯誤；如果你偏離正確的賽道愈遠，我們會更難找到你。」

我聽完不禁心臟怦怦跳，大家都鴉雀無聲，吞了一下口水。出身義大利特種作戰部隊的軍人李奧納多（Leandro）嚴肅提問：「如果，真的遇到最糟糕的狀況，我們迷路，而你們也找不到我們，食物吃完了呢？我們該怎麼做才能活下來？」

主辦單位幽默的回答：「Well，很好的提問，如果你看過電影《藍波》就應該知道怎麼做了，晚餐時間我們可以播放電影，大家一起學習一下。」講到這大家都笑開了，化解心中許多不安。不過，對於每一位選手的提問與需求，大會很細心一一解答；原則很簡單，如果有突發狀況，只要照著大會的求生規則，就不會有意外發生。但誰知道這二百五十公里會遇到什麼事情，對吧？

晚餐的餐廳地點，算是這裡唯一的綠洲。

每一次極地賽事前的最後一餐，我都會特別珍惜，因為知道隔天早上醒來，可就沒有這些文明的舒適環境了。賽前最後一晚我打開手機，傳了幾封簡訊給幾位長輩與朋友，最後一封則是傳給二哥。也許是離家太遠，手敲擊著手機感性著

到達旅館的首要之務，就是整理並清點裝備。

打出：「明天開始就會斷訊了，長達七天的長征，獨自跑向沙漠深處，不知道會遇到什麼危險，你是我最愛的二哥，也是珍惜的家人，和爸媽說我會平安，哥哥，我愛你。」

打完後把手機放在一旁，躺在床上雙手抱頭，陷入一陣沉思，慢慢閉上雙眼，開始做賽前的印象訓練，慢慢做很深長的呼吸，吐氣，全黑的顏色，想像明天將出現的景色與賽道，手臂在擺動，肌肉正在做功出力，速度控制得宜，公里數增加，我感到肌肉疲勞，晚上生火煮飯……我想像自己正在比賽中，雖然還是會害怕，倍感壓力，知道身體會有超負荷的疲憊與痛苦，所以做印象訓練提早讓大腦去接受這事實，明天真的就要起跑了！沒有在開玩笑！這時手機亮起，二哥回傳簡訊給我：「好好幹，去感受大自然的洗禮吧，用心去聆聽，它會給你能量。還有，你在表白嗎？真是太肉麻了！」

好啦，平常我是不說這些話的人，不過兩個大男人這麼說話，確實肉麻不舒服。哈哈！趕緊睡吧，明天可有一場硬戰要打呢！

「噹噹！」鬧鐘響起，五點整，我快速整理好裝備，吃完蔬菜火腿蛋吐司早餐後，看著窗外即將日出的太陽，不免有一點小緊張，回頭看到惠敏起床後就一直手忙腳亂，慌張在找東西，邊找還邊向我道歉說：「彥博，彥博我對不起你，我把你借給我的太陽眼鏡弄丟了，我找好久都找不到，會不會很貴……我回去買一副還給你，對不起……」

我冷靜著喝了一口咖啡後，把手伸到惠敏頭上說：「從起床後妳就一直掛在頭上……」講完我笑到咖啡都要噴出來，惠敏臉紅的回答：「喔喔喔！我太緊張沒有發現到，天啊！

拜託你回去不要跟任何人說啦！好糗喔！」一頓時間我們一起噗哧大笑，賽前的壓力都不見了。的確，面臨巨大事件又伴隨著壓力，常常都會緊張到忘東忘西，我自己就曾經有出國找不到護照，找了一個小時竟然在外套口袋裡的經驗……

好友擔任攝影師陪同赴賽，她樂觀的性格使我減輕不少壓力，
也使我學會情緒管理。

跳躍吧！準備喀拉哈里沙漠的旅程。

17 不要慌張，好好處理，明天還能繼續跑

放眼看去，每次比賽我幾乎都是參賽年紀最小的一位，後來才了解，在大自然的超級馬拉松賽，如果只有一身的體力與膽識，是無法完賽的；因為，遇到許多環境困難、心理孤寂、自我對話與生理極限，都需要有極高的心理韌性與社會歷練、臨場經驗與智慧，才能成功完賽。而且，得名的也幾乎都是三十歲出頭的跑者，而我這來自台灣的少年仔知道，我還需要再多加倍的努力。

站在起跑線上，太陽從後方升起，隨即溫度慢慢上升，柔和的風開始變得悶熱，我已經開始流汗，不過還能夠忍受。閃耀的太陽光線慢慢照耀前方的賽道，往後無限延伸；離開這裡舒適的空間與地域，前方將是一望無際的荒原沙漠，將是漫長的日子。

「大家閉上眼，和我一起禱告。」南非上一屆冠軍選手 Drik 說著：「天上的父，我們的主，我們都是您的子民，接下來七天請保佑我們，帶領我們踏上認識您的旅途，不管遇到任何困難或是考驗，請賜予我們力量，阿門。」

「阿門」。大家一起喊道。

DAY 1：賽程三十三公里。氣溫攝氏四十七度。完成時間四小時二十分。

鳴槍聲是另一個長征的開始，塵土飛揚中，第一步，第二步，身體的啟動，生理機能開始運作，厚重的裝備背在肩上，裡頭是接下來七天二百五十公里的家當，也是維持生命的必需品，一樣都不可少，也是我唯一擁有的。

炙熱的太陽照耀在皮膚上，毛細孔開始冒汗，一步、兩步，濺起了炎熱的黃色細沙，感覺比起南極鬆軟的雪，還要來得好跑一點點，不過也相當耗費體力。腳步噠噠聲響，展開新冒險。一股興奮感使然，我將手放在草叢上，感受每一根雜草在手掌中劃過穿梭的瞬間，「我真的跑在非洲耶！」真是令人雀躍。

我的戰術策略是，第一天三十三公里先盡量維持在前面排名，等到第四天 long day

七十四公里再一舉反攻。心想著如意算盤，但不到四十分鐘後，接連好幾個小山頭的地形，肌肉已經開始慢慢僵硬，第一個十公里檢查點都還沒到，極乾燥的空氣讓喉嚨乾渴難耐，光是水，就已經喝了一大半；咽喉開刀處卡卡癢癢的不太舒服；厚重的裝備包讓肩膀、腰也開始痠痛。我心想：「管他的，反正第一天跑完有時間可以休息，有什麼狀況先到終點再說。」無顧慮的快步前進，慢慢追上義大利選手李奧納多（Leandro）、英格麗（Ingrid），以及南非選手瑪莉塔（Marita）並列在一起，大家分成小集團，與前五名南非領先群展開追逐戰……

愈接近中午，太陽愈來愈高，十一點鐘，我已經跑到頭暈了，還好之前曾赴澳洲以賽代訓，不然一定跑不動。我看狀況不錯，用手勢示意要脫離群體超前，一路往前取得第四名的位置，一直專注於尋找標記上；從起跑至此，覺得自己還不錯，至少都跑在正確賽道上。

才剛剛暗自竊喜，路線變成一個下坡路段接上另一個丘陵，中間是一條乾河流，我快速觀察掃瞄後看到右邊有一些腳印，沒有多想，直覺應該就是往右邊前進吧，跑著跑著，沙子愈來愈軟，腳也越陷越深，腳印也慢慢消失，愈跑愈感覺不對，跨越了層層樹枝的阻礙，往前一看是河流。我猶豫了一陣子，知道一定跑錯方向了，趕緊回頭，跑回剛剛下來的地方，環顧三百六十度，就是沒有出現標記。我選擇往前方的丘陵跑，五分鐘後還是看不到標記，這不確定感讓我再度回頭，不斷在剛剛迷路的路線繞圈圈。

奇蹟的小鹿

突然間，不知道哪裡出現的小鹿從我面前跳躍過去，「哇！」我嚇了一大跳，她黃褐色的身軀與姿態是如此優雅，我好奇跟隨著她，沒幾秒，就快速消失在我眼前。然而，巧妙的，前方竟出現了標記，使我興奮不已，「是這頭小鹿帶領我找回原來的方向嗎？」

我的天啊！鞋底竟然脫落了，該停下來修鞋，還是繼續往前跑？

我邊跑邊想著，大自然萬物就是這麼神奇，孕育著無數的生命，而有時這些生靈們，在不經意時都會指引著我們。

「Tommy，你怎麼在這?!」法國選手迪安（Didier）喘著氣追了上來。

此時只剩下五公里路程就到第一天終點，溫度已經愈來愈高，連底下火熱的沙子穿透腳底都會發燙。我試著要追趕時間差而加速，在抬腳的過程中，一直聽到「趴噠、趴噠」的聲音。我們很緊張，以為有動物跟在後面，左顧右盼，直到迪安喊：「Tommy……你的鞋底脫落了……」

「啊！你說什麼？怎麼可能！」我慌張停下來

查看，眼睜睜看著左腳鞋底真的脫落了一半，就像剝下來的香蕉皮一樣，甩來甩去，「不！馬的！怎麼辦！怎麼會發生這種情況！」脫落，它真的脫落了，這是千真萬確的事實，而且已經無法改變，它已經不是起跑時讓我可以舒適跑步的越野鞋了。我的心涼了一大半，要停下來修理？還是跑完最後五公里再處理？

面對進退兩難的情況，情緒焦躁也伴隨著憤怒。我只好決定先跑到終點再說，但脫落的部分在每一步跑起來時還會反摺卡到鞋子下面，讓我每一步都差一點跌倒，而怕鞋底會越破越大，我用最輕的「腳底著地法」前進，呈現一種奇怪的步伐，速度愈來愈慢，但最後三公里完全落後，被後來居上的許多選手不斷追過，愈跑愈吃力，我滿腦子一直在想：「為什麼鞋底會脫落？我使用上有錯誤嗎？等等要拿什麼來修？」愈跑愈生氣，而「趴噠、趴噠」的不規則聲音也愈來愈大，一直打斷我的思緒，沙子開始進到鞋子裡，火氣也愈來愈大。當我看到第一天的終點旗幟，卻一點開心的感覺都沒有，因為我已經落後了十五分鐘，此時低頭一看，簡直不敢相信，跑鞋的雙腳底部已經脫落了……

鞋底報銷了，為今之計只能苦笑、動手修理。

工欲善其事，必先利其器

這下該如何是好？

迫在眉睫之際，我擠盡腦汁想出一個辦法，趕緊向大會借短釘和鐵鎚，看可不可以把它釘牢。

「喔！這還真是糟糕……你的腳是火箭筒嗎？」他們看了我的跑鞋後，馬上從吉普車找出工具箱來。我心裡燃起一絲小火苗，伸手進工具箱翻來翻去，先是拿出一支鐵鎚，嗯嗯！YES！我滿心期待著，但卻尋覓不到一支短釘，期待的小火苗瞬間被澆熄。

「嗯……我們確實手邊沒有任何工具可以協助你，你可以向其他選手借，但看起來大家都只有一雙鞋而已；或者，我們可以問其他工作人員是否能借你跑鞋，你可以繼續跑完接下來的六天賽程，但是，照大會規定你將會失去資格。」

「什麼？失去資格，那就是棄賽的意思嗎？」我慌張地問。

「沒錯，我們不能提供給你其他任何物品，因為，比賽規定不可以靠任何外在提供資源完成這比賽。你可以繼續用這雙鞋跑，但是看起來要跑完剩下二百一十七公里，以目前脫落的情況，是不太可能的……」

我失望、落寞的走向休息帳棚，選了左邊最外側的位置坐下，把這討厭厚重的裝備包卸下。攤開裡頭所有物品，氣呼呼地丟出來全扔在地上，攤開泡棉軟墊坐在上面，把鞋子脫下來擺在面前，發楞無助地看著它，一陣口哨聲吹起，「Tommy，你的跑鞋還好嗎？」法國選手迪安選手笑著問我。

賽程首日，炎熱的天氣已使我脫水、中暑。

「嗯……不太好，你覺得呢？」迪安和其他選手看過後大笑著：「我的天，真是太慘了，你後面肯定會很難跑。」

面對現狀，加上其他選手的玩笑，我愈來愈生氣，愈來愈討厭眼前這雙跑鞋，「為什麼你要壞掉！為什麼你不能變回原來的樣子？」我用哀求的眼神瞪視著跑鞋，但它卻一副事不關己的模樣，令人討厭。

情緒怒張的代價

正中午十二點三十分，氣溫高達攝氏四十五度，在帳棚裡我愈來愈熱，發昏，想吐，愈來愈焦躁，愈來愈煩躁。在每一天抵達終點時，大會會發給每一位選手一瓶限量三千毫升的水，包含補給水分、吃飯、擦身體、洗澡，相當嚴格，選手必須做好周全的自我管控以及分配用水計畫。因為，水用完了，就不會再另外配給。

熱！好熱！我感覺全身體內快燒起來，喉嚨乾渴不已，管不了那麼多，管他什麼分配，大口大口地不斷灌下好幾口，吃了幾口營養棒。但是，才剛把水喝下肚，一股噁心湧上來，胃部抽搐一下，我差點吐出來，一陣頭暈感，我趕緊把上衣脫掉先躺著休息，躺下沒多久，手指慢慢開始發麻，發麻感就像導線一樣，慢慢傳到全身，一直到心臟，即使休息了二十分鐘，心跳每分鐘還是在一百二十下，降不下來，有時甚至還會心悸刺痛，我用手掌摸了一下大腿、腹部、額頭、心臟部位檢查體溫，全身感覺就像火燒，好痛苦，這股炙熱壓著我的胸口，讓我快喘不過氣，身體活動力降低，動一下彷彿就要我的命。我用盡所有力氣趕緊用水把布浸濕，擠水在腋下、腹部、胸口降溫，最後再把布放在額頭上，依然沒有效用，動不了，已經完全動不了了……也沒有胃口吃任何東西，我無力地看著跑鞋，閉上眼睛，分分秒秒都好煎熬，好害怕這股熱，害怕明天的路程，此刻，好想逃離這裡……

「彥博，你還好嗎？」惠敏低聲問我。

我張開眼睛，帳棚裡所有選手都回來了，大會工作人員都移動到了終點處。

「現在幾點了？」

「快要三點。」

我看了一看錶，原來剛剛我將近昏睡兩小時，卻感覺睡了好久。我慢慢檢視自己的身體，體溫和肌肉溫度都慢慢降了下來，不像剛剛那樣發燙，心跳也降到六十多下，我終於能爬起身子。

「我的天，你的鞋子好慘烈……」惠敏說著。

原本還搖頭晃腦，我慢慢走到一旁不太乾淨的池塘，小心的用布沾水，因為一撥開水面，水裡竟然都是黑色的。雖然水有點髒，溫度也不低，但是，能夠浸濕全身對我來說已經足夠了。

「馬蓋先」來了

我的神智慢慢清楚，開始思考如何先解決這棘手的問題。比賽以來，我第一次碰上跑鞋的大麻煩；但我以前曾動手修理過不少裝備，所以，回到帳棚吃了一顆巧克力後，重拾樂觀的心情，告訴自己：應該能想出一些辦法的！

用手邊現有的東西來修補重要的裝備，向來都是個挑戰。我有時甚至覺得，超馬賽就是挑戰肉體與裝備的極限；隨著比賽開始，天數增加，都會出現身體病痛與裝備問題，然後想出解決之道。重要的是保持冷靜，仔細推斷思考，注意小細節，面對解決問題的心態、衝擊、轉換，往往決定其成敗。

我告訴自己：不要慌張，好好處理，明天還能繼續跑。

鞋身架構都還完整，只缺了底部的防磨材料。我坐下來把工具包打開，把每一件物品都拿出來分類放在地上。

別針、針線包、頭燈、電池、大力膠、指南針、瑞士刀、人工皮膚膜、OK繃、彈性繃帶……一一想著每一個物品可以發揮的功能，絞盡腦汁後，好！我想到方法了！

我拿起瑞士刀，決定把脫落一半的左鞋底剪掉，貼上大力膠當作防磨墊。而右鞋脫落一點點，則是用針線穿插拉緊後，再用大力膠纏繞貼緊。我要下手時，惠敏緊張的說：「你確定要這樣做？」我再想了一下，這是目前評估唯一的辦法了。「喀嚓！」一聲，這討厭搖擺的鞋底掉落地上，我小心拉緊大力膠，用各種角度貼齊，終於完成特製跑鞋，以備明天的路途。

太陽朝地平線落下，下午六點鐘，氣溫終於漸漸涼爽，大家也開始起來，回復活動力。在帳棚裡的位置沒有特別安排，先抵達的選手可以優先選擇位置，可能和義大利選手李奧納多（Leandro）個性比較契合，我們會自動靠在一起，一起聊天，也開始成為好戰友。

我煮了熱水，戴上頭燈，吃了氣味不好聞的牛肉飯脫水食物與黑糖水當作晚餐，因為背的食物都相當有限，想在超馬比賽中吃飽是不可能的；為了晚上不再飢腸轆轆，七點半時我已經乖乖地先入睡。

HERBALIFE
L'OCCITANE
ZINWELL
兆赫電子
2011
205
Tommy

18 水分管理：水能載舟，亦能覆舟

DAY 2：賽程三十一公里。氣溫攝氏四十八度。完成時間五小時二十分。

醫學報告曾指出，人不吃東西，三天都還可以活得下來；但是，如果一天不喝水，就有脫水的生命危險。其實，水才是比賽中最重要的物品。所以，在出發前，每位選手都會做一件很重要的事：把裝備包的水壺裝滿兩千毫升。

第二天出發前看地圖得知，爬峽谷的地形對我修補的跑鞋相當不利，也不知道它可以撐多久，所以，一出發我就先用盡全力跟在冠軍選手Drik後方。過了四十分鐘，約八公里後，又和昨天一樣遇到障礙：太陽再度躍升，大地開始燃燒，修補過的鞋子勉強派得上用場。隨著身體跑步的動作，體溫也愈來愈高，不管怎麼補充水分，喉嚨依然乾渴難耐，身上的衣服從來沒有乾過，也不知道流失了多少水分。

我每十五分鐘補充三百毫升水分，但是隔不到五分鐘，我馬上又再度感到乾渴，根本無法忍受，這規則馬上被打破，只要我口渴，便會大口的吸取水壺裡的水，直到我覺得夠了、滿足了為止。我當時並不知道，這是禁忌，更是最錯誤的舉動。

上下起伏的沙漠荒原地形，有時深陷沙子，有時是硬石，讓我無法保持一樣的速度前進，全身肌肉不斷使力，使我感到頭暈，身體愈來愈熱，連吐出來的氣也是熱的。

向壁虎學攀岩

賽道左轉後，前方出現了高七百二十公尺、坡度近八十度的巨大峽谷，看著標記綁在上方的樹枝後，我便知道這是今天的難關，卻也略感興奮。左跨、右跳，手腳並用，我就像隻敏捷的猴子，想往哪就往哪，「喀啦！喀啦！」前方傳來撞擊的聲音，抬頭一看，說時遲那時快，好幾個手掌般大的石塊就從我身旁呼嘯而過，差點砸到我頭上。原來，除了要注意腳踩的位置，還要小心閃避前方選手所踢落的石頭。

坡度愈來愈陡，直到要爬上一大塊光禿禿的三層樓高岩石，像上了蠟一樣，讓我雙腳不斷的打滑，往前踩一步就往下滑，幾乎站不穩。目測來看，如果全力跑上五步，應該可以抓到石頭頂端。正當我全力往上衝到第三步時，眼看就快要成功，第四步腳下突然「刷！」一聲，我慌了，

跟著紅白色的標線尋找比賽路徑，才不會迷路。

我穿著底部脫落的鞋子攀爬巨石，前方的選手轉身看我，彷彿在嘲笑我。

一個打滑，身體先是往下撲，手肘撞到石頭後不知道往下滾了幾圈，「碰！」我的右邊屁股先跌落地面，一陣痛楚，「哇啊……痛死了……」我壓著屁股哀嚎著，還沒回神過來搞清楚怎麼一回事兒，低頭一看，原來鞋底早就已經完全不見了；不知道何時，防滑墊與大力膠都已經脫落，我爬起來喘著氣，看著山頂大口地喝著水，正想著該怎麼辦時，後方八名選手已經一個個接連穩穩地爬上去。我如法炮製跟著他們走過的路線與角度，卻還是不斷打滑，試了好幾次都沒用。

我生氣拿起小石塊往岩石丟去，敲擊的瞬間看到像壁虎又像蜥蜴的爬蟲類正在往上爬。嗯…咦？牠們怎麼辦到的？我試著彎身壓低，將重心全部移到腳尖，雙手打開貼在發燙的岩石上。好，我現在是沙漠裡的壁虎了，慢慢的往上爬，移動身體，這點子還真的奏效了，汗流浹背，直到我用盡全力的跳躍抓住上方的樹枝，才讓腳部再次踩穩，終於越過這難關。但是，爬完這峽谷，力氣也幾乎用盡了。

看著GPS手錶推估，到檢查站還有六公里。我快速前進，喝水時才發現只剩下大約三百毫升的水了，已經所剩無幾了。低頭跑著，告訴自己不要多想，一股焦躁已經忘了自己的配速，鞋底開始進沙，體力耗盡，血糖降低，腳步沉重……我試著跑一小段路，但大約五分鐘後，跑的速度已經和走的差不多。

路線變成峽谷，也是最熱的地形，一點風也沒有，周遭像是火爐，慢慢加溫，把體內的水分慢慢蒸發於無形。像是發高燒，心跳加速，額頭不斷冒汗，一滴滴，滴進眼睛裡。汗水從臉頰落下，滴入黃色的沙漠，一如淚珠。吸氣的鼻腔有如火車頭，不斷噴出炙熱的氣體，好熱！好熱！真的好熱！吸的空氣，吐的空氣都是熱的，我無法呼吸，好難過，好想停下來！

看到經過的大樹，好想停下來！經過了山洞，停下來吧！一直和自己不斷拔河。又經過了一棵大樹，停下來吧！我認輸了！我已經對意志失去發號施令的能力，內心也開始叛變，炎熱、憤怒、又對自己感到惱火，我把裝備包卸下，癱坐在可以遮蔽陽光的樹下。

寸草不生，如火爐般不斷加溫的地形，快要把我燒乾了，連呼吸的空氣都是熱的。

大會檢查站的工作人員也熱得招架不住，躺在車底陰涼處躲避烈陽。

一口，接著一口水，小心的吸取著。已經見底了，為什麼一直處於缺水狀態？喉嚨為什麼一直乾渴？為什麼領先的南非在地選手都不會熱？我找不到答案，也不想去想了。四周靜下來，什麼聲音也沒有。

「Tommy，你還好嗎！一起走吧！」休息五分鐘後，李奧納多與英格麗從後方出現，有伴也好，總有個助力，我勉強爬起身跟著他們繼續前進。

「喔，老兄，真的非常熱，水都變成熱的啦，如果一開始跑太快根本撐不久，慢慢前進才是上策。」李奧納多說完，便拿起透明的水壺喝著水還撒在額上，裡頭至少還有半瓶吧，我癡呆看著，口乾舌燥，迫切想要大口的狂飲，從頭上灑下，好想要冰水經過喉嚨、好想要冰塊敷在臉上降溫、好想舔一口奶油冰淇淋、好想要一瓶冰的可樂……我開始胡思亂想，開始暴躁，用力吸吮著水壺吸管，已經只剩幾滴而已，這動作它就像是欲望開關，按鈕一按下，便無止境的迫切需要，欲望是惡魔，水則是解藥，水……水！好想喝水！

我很快就需要水，我現在就要喝水！水水水水水水水水！

頭愈來愈暈，我握緊拳頭將專注力移到手上，「大地之母會繼續給你考驗，讓你受盡各種苦難，必須熬過這一切，才能獲得她的力量。」每當我低潮時，忽然之間，都會這麼鼓勵自己，終於一路忍到檢查站。

檢查站是一頂簡單的帳棚，三張椅子與補給每位選手一千毫升水分的遮蔽點。

一屁股坐到椅子上，我大口大口灌著補給的水，爽！真是太爽了！管他的！喔耶！再強的意志力都沒有辦法阻止自己停下來，身體像乾渴崩裂的樹木，需要大量灌溉，需要滋潤，我嘴巴有如駱駝般咕嚕嚕不停喝著，瞬間喝掉六百毫升。

一旁有一小桶水，提供給選手淋頭部降溫，雙腳一蹬才剛站起來洗完臉要出發時，突然眼前變成黑幕兩秒，一陣暈眩嘔吐感，我撐著椅子差點跌倒，接著四肢末端麻痺到心臟，壓迫……我感到心臟一陣壓迫，趕緊躺下來休息，把腳抬高讓血液回流，一陣天旋地轉。喔……該死的，頭

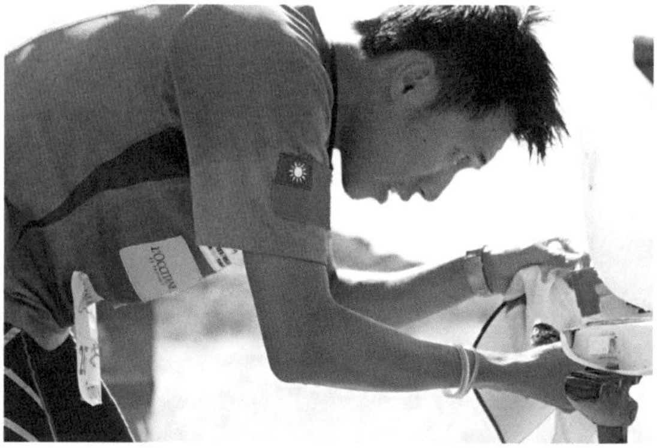

（上）我一到檢查站，十分迫切的需要補充水分。
（下）其他選手陸續過度補充飲水，不支倒地。

好刺痛。

大會醫師靠過來說著：「Tommy，你一下子喝太多水了，身體會造成過大的負擔，你要試著調整進水時間，否則會有低血鈉水中毒的現象，我知道這樣的溫度每位選手都很難受……但你必須……」

醫師的話還沒說完，後方德國選手也剛到檢查站，和我也一樣馬上咕嚕嚕的瘋狂暢飲，然後說一句「喔……我的天，好難受……」隨即也躺在我左手邊了……然後沒多久又來一位，一模一樣的動作和話語……

我是台灣來的，我不想輸

休息約莫二十分鐘，體溫稍微降下來，我很清楚，應該是身體中暑了，一直浸濕毛巾覆蓋額頭，擦拭腋下降溫，「唔……意識清楚，頭也不痛了，噁心感退去，沒事，老弟，撐著點，往終點前進吧。」我評估著，對自己打氣說。

沒想到出發十分鐘後，症狀又開始，全身沒力，反胃，熱得我跑不到五分鐘就需要休息一下。我用僅剩的力氣半拖半走前進，這時瑪莉塔面帶微笑，一臉輕鬆從後方把我超前，我心想：「為什麼每次她都可以追上來？」我帶著失意到了第二天的終點，總排名已經掉到第十六名，跑鞋已經磨到底部軟膠內部都變形了，我已經開始不斷問自己，還能跑嗎？已經連高溫都無法忍受，鞋子也壞了，溫度計一度顯示高達攝氏四十八度……

（上）第二天賽後泡進冰涼的河水中，洗淨了疲累與煩惱，也讓我冷靜下來。（下）穿上了大一號半的鞋子，至少解決無鞋可穿的窘境。

話說第二天有什麼獎賞呢？

每一位到終點的選手都看似瀕臨極限、臉色發白、體力透支，撐著腿喘著氣，聽到主辦單位說，終點下方一公里處有一條溪流，每個人二話不說，眼神一亮，像是要去八仙樂園的小孩一樣，蹦蹦跳跳火速趕到河流邊一跳，「哇喔！喔耶！」每個人笑得合不攏嘴，冰涼的河水就像是治療池，大家又再度活了過來。這是神的美意，造物主就在沙漠中開創一條河流，洗淨了疲累、也洗淨了煩惱，也讓我冷靜了下來。

下午主辦單位開會討論，決定把棄權選手的鞋子給我穿。但是我的腳是九號半，棄權選手的鞋只有八號和十一號；不是太小，就是太大。於是，剩下的兩百公里，我只能穿大一號半的鞋子，硬著頭皮撐完比賽，足足大了三公分。其他選手一度認為我完蛋了，一定無法跑完。我又絞盡腦汁，動手塞了兩個鞋墊開始修剪，還貼了許多膠布，勉強上陣。我告訴自己，我是代表台灣來的選手，我不想輸。

19

像個科學家，大膽假設，小心求證

DAY 3：賽程四十二公里。氣溫攝氏四十九度。完成時間五小時四十一分

比賽途中，我們的觀眾就是猴子，沒有掌聲，只有吱吱叫的聲音。

嚴格來說，超馬賽並不完全是孤獨的，因為，一路上也有不少觀眾：路上出現的各種動物。出發沒多久，山頭傳來吱吱叫聲。原來，有十幾隻猴子一路跟著我們前進，讓人看得好不有趣。

我因為換了整整大一號半的跑鞋，先採用「烏龜戰術」：一開始以龜速前進，讓腳先習慣大三公分的空間；等鞋子的功能性恢復，慢慢地感到腳步輕快，也回復了以往的速度。但是鞋子太大，每步都不斷撞擊腳趾，摩擦腳部產生難耐的劇痛。

十公里後，我慢慢地追過其他選手。

「Tommy，你又回來了！」李奧納多說。

體溫雖然慢慢升高，還在我忍受的範圍。「今

天是發生什麼事了？是身體逐漸適應了嗎？」我邊跑邊想答案。

速度！對！沒錯！是速度！

◀管控體溫

前兩天起跑後，我就一直跟著速度較快的領先集團，把油門踩到底，在攝氏四十七度的高溫下身體動作過大，就會產生過多體熱，就像引擎過熱；到最後即使靜下來休息，體溫也降不下來。今天起跑後，速度從零慢慢穩健的加速，我已經突破四十分鐘的障礙，跑了兩個小時都還能夠忍受，把所有動作計算後做到最小，擺臂角度、抬腿角度、收腿速度、喝水和吃東西的咀嚼方式，沒有必要的動作就加以刪除，用最省力的方式，換取我所需要前進的速度，如此一來，已經先克服最主要的問題：管控體溫。

我發現用鼻子吸氣，炎熱空氣在鼻腔內流動讓我非常不舒服；用嘴巴換氣，喉嚨很容易乾渴，但比鼻子吸氣要來的好，於是我多數改用嘴巴換氣。

我僅只微微張開嘴唇，單純讓氣體吸入並吐氣，慢慢地、慢慢地，把身體反應的動作都拆解、放慢下來。我也找到克服焚風的方法：把圍在頸部的領巾拉起，遮住口鼻變成面罩，將水灑在領巾；當焚風吹來，我的老天爺啊！涼爽斃了！其他選手感到痛苦時，我還想感謝這些風呢！因為空氣極度乾燥，把濕布壓在口鼻處呼吸，也能為鼻腔和口腔滋潤一些水分，我也開始能自在呼吸。

受盡苦楚之後，我終於摸索出水分管理的方式，
對抗缺水的症狀與喝水的欲望，迎戰酷熱，並追趕其他選手。

雖然能夠慢慢找到方法，但我一直百思不得其解，為什麼喉嚨如此乾渴？不管喝多少水都是一樣？是進水時間不對？還是水量太少？太多？但是以時速十公里跑九十分鐘，兩千毫升便已足夠，身體目前沒有任何異狀，所以，並不是缺水的問題。咽喉手術傷口或許可能造成影響，但不致於這麼嚴重；那麼，到底是什麼？

◀打贏心理戰

回想前兩天，每當我口渴，身體動作自然就喝水，腦中都會出現補充水分的訊息。所以，並不是身體需要水，而是心理的依賴。

我開始鞭策自己，當我喝下每一口水，不能直接吞下，而是必須先含在口中，慢慢滋潤口腔，讓它在舌尖上打轉，直到水分慢慢被吸收，然後一點點、一點點，分成好幾次吞下，一口水全部喝完約十秒時間。

這樣做之後，當所有生理反應慢下來，我的感官前所未有的敏銳，每次喝下一口，喉嚨都會發出「咕嚕」一聲，我甚至感覺到水慢慢經過到喉嚨，經過食道慢慢流向胃部，抿抿嘴，細細品嘗後，無色無味的水，竟然有種微微的甘甜味道。我想，回到都市後，即使冰淇淋也不會比這更可口。

我開始像個科學家，不斷假設、推理、仔細判斷、大膽實驗、調整方式，最後讓身體適應炙熱沙漠的環境，繼續跑下去。我想，這就是超馬跑者會上癮的原因之一：你知道自身肉體的極限，在極端惡劣的環境中競賽，不斷和內心抗衡，時而動搖，時而堅強，當被環境擊垮失去奮戰的自信後，熱情也慢慢消逝，放棄的決定相當誘人，這段時間令人痛苦又煎熬：到底要繼續還是放棄？要堅持還是放手？

掙扎一段時間後，即使千百個不願意，我總試著說服自己起身繼續，勇敢的去面對這些恐懼，一一去解決眼前的所有難題。沒有人幫忙、沒有人指導，一切都在錯誤中學習，獨自摸索。當始料未及的各種問題再度出現，不斷去克服後，又恢復了信心。事情總是會時好時壞，沒有什麼會永遠持續。

於是，我給自己訂定接下來五天絕對不能打破的規則：每十分鐘慢慢喝下一百毫升的水與運動飲料。每十五分鐘將水淋到頭部與頸子的領巾降溫，規律重複做著，每個動作都必須要克制自己，如果不嚴謹，就會和前兩天一樣中暑。

終於，今天（第三天）我以第三名進終點，總排名上升到第八名，終於追回了些微成績，慢慢脫離前兩天對於高溫的恐懼與陰霾，我愈跑愈有信心！

互相照應的戰友

今天的終點帳棚沒有任何遮蔽物，熱到無法動彈。我走了三百公尺終於找到一棵大樹可以休息，攤開海綿墊，躺下休息，把鞋子脫掉後看到左腳第二趾充血腫脹得活像是指甲要噴出來。這雙大號的跑鞋確實不合腳，但也沒有其他鞋能穿，也許太過專注於路途，

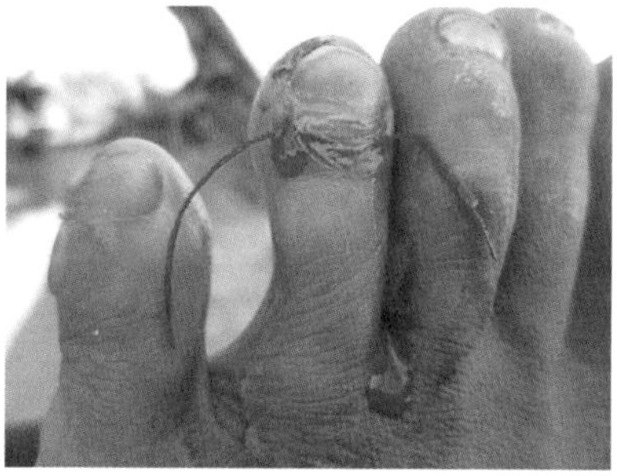

醫師拿針為我刺破血泡再放血，已是每場比賽的家常便飯。

疼痛感早已麻痺。

經過大會醫師檢查，擔心細菌感染，以針消毒並放血。血液與膿流出之後，水泡壓力釋出，醫師留了一條線在裡頭把剩餘的液體吸出，重要的是讓傷口保持清潔與乾燥。醫師並提醒，晚上與隔天清晨必須要再自行拿針放血一次。

有多痛呢？嗯，我已經咬牙了。

帶著咿咿啊啊的呻吟聲，回到帳棚整理裝備，卻發現，GPS手錶太陽能充電轉接頭竟然壞了。無奈地，只好閉上眼先休息一下。一個翻身，「哎呀！」原來是仙人掌刺到我的屁股，放眼望去，就只有這麼一小株，連我都好奇，它是怎麼活下來的。

一旁的李奧納多也嘰嘰哇哇起來，原來是他們的充氣睡墊被刺破了。我隨手拿給他們大力膠補貼，而他們則是借我太陽能充電器。嘿嘿，互相照應，打打哈哈中也變成了好戰友。李奧納多和英格麗可是義大利特種武裝部隊的軍人，駐守各地戰區，休假期間則是到處冒險，難怪看他們一點痛苦的樣子都沒有。

晚上睡前，帳棚裡充滿選手們吱吱喳喳討論的聲音，有五位選手無法忍受折磨，已經紛紛棄賽。而我則是不斷調整心情，明天Long Day的七十四公里是關鍵，能不能追回名次，就只能看明天了，只希望，腳不要出狀況……目前一到三名都是南非選手，而我

排名第八，差距不到兩個小時，仍然有機會。明天誰也不知道會發生什麼事，只要不要出任何狀況，穩健的跑下去，排名隨時都會大洗牌。

我沒有多想，看著天空，也許，有機會吧……也許……

20

我是沙漠的獵人，終點是我的獵物

DAY 4＋5：賽程七十四公里。氣溫攝氏五十二度。完成時間十小時五十四分

每凡比賽的 Long day 開始前，心情就會掙扎不已，因為心裡明白：將會跑很久很久；時間很長很長。

但是，Long day 畢竟還是會來，遲早還是要面對這七十四公里的事實；一旦跑出第一步，雜念就會停止了。這是非洲超馬的七天比賽裡的最大難關，對身體負荷是一大考驗，不過，我想咬緊牙關，只要能夠撐過第四天，後面就一定可以完成比賽。

主辦單位為了管控所有選手進到終點的時間與安全顧慮，前幾天比賽成績較慢的選手被安排在早上六點鐘、十點鐘出發；較快的選手則在正中午十二點鐘出發。我被安排到速度較快的十二點這組，這真是令人火大的時間，十二點鐘出發！最燒最熱最燙最沒有風的時候。

出發了，中午的烈陽擊潰了意志力，溫度計顯示著攝氏五十度。

我冷靜看著前方，因為路途遙遠，危險也增多，許多選手選擇一起同行，大會給我們

兩天的時間去完成，我和速度相當的瑪莉塔跑在一起，並將進水的時間重新調整分配，補給水分的策略是五分鐘一口，間隔五分鐘後再補充運動飲料一口；每十五分鐘把水灑在頭上降溫。今天氣溫較高，每跑三十分鐘，快走一分鐘休息降溫，習慣後，跑步時間愈拉愈長，六十分鐘、九十分鐘……一直到兩小時。

我注意身體的每個細節，把節奏放慢，也因此精準、清晰的感受到身體的每個細胞，真是神奇，人的身體真的非常奧妙。身體的適應能力也是。一旦下定決心要跑下去，身體就會開始隨著大腦的意志力去調整，適應環境，並承受強大的壓力。千萬不要小看了自己。

賽道進入峽谷，費盡力氣踩著沙子，兩旁都是岩石，汗愈流愈多，衣服從來沒有乾過，毒辣的太陽無情地直接曝曬在毫無遮蔽的步道上，即使每天在出發前我都會在衣服覆蓋不到的皮膚上塗抹厚厚的防曬油，戴上遮陽帽，火燙的陽光依舊穿透層層防護，灼燒我的身體，地表都產生迷濛的蒸氣，氣溫飆到五十二度。這裡像是鍋爐，我甚至一度認真地懷疑自己能不能跑完。

從水壺吸取幾口燙如熱茶的水，否則我根本跑不下去，一陣焚風撲來，我的血管像被火燒一樣難過，慢慢沸騰，那感覺就像靈魂在燃燒，但我卻只能眼睜睜地看著火舌將我吞噬。「你覺得冷死和熱死哪一個比較痛苦？」這是我常常被問到的疑問之一，無庸置

「你覺得冷死和熱死哪一個比較痛苦？」這是我常常被問到的疑問之一，無庸置疑的，答案已經很清楚。

疑的，答案已經很清楚，每分每秒都令人難受。

我幻想著冰水，跳到河裡，這天的猛烈熱氣不再是身體上的感官知覺，而是像哀鳴聲音逐漸升高，然後在我腦中尖叫蕩漾。為了轉移焦點，每當意志受影響開始波動，已經無法忍受時，我就會用大拇指指甲用力壓著食指，用力到破皮流出血來，逼自己一定要忍下去，並告訴自己沉住氣，不要莽撞，盡可能省下體力，到後半段再開始衝刺。

這痛苦讓我想起電影《上帝也瘋狂》（The Gods Must Be Crazy）裡的歷蘇，長年居住南非沙漠的布希曼人（Bushmen），每天外出打獵，常常要花六小時以上的漫長時間，辨別動物腳印、評估大小、經過時間、前往方向，加以追蹤、隱藏地點、等待時機，這一連串的狩獵經驗和求生技能，需要相當冷靜與極大的耐心。於是我幻想自己是沙漠的獵人，終點，是我的獵物。

大自然孕育各種生命，有消逝也會重生。（圖為劍羚的屍體）

沙漠最美麗的風景

南非喀拉哈里沙漠，位於兩大洋流之間，造成了乾燥與炎熱的氣候，幾乎不會降雨，因此又被稱為「乾渴之地」，但比起撒哈拉及其他沙漠，有更豐富的生態系。南非也是全球推行保育動物的國家，全國土地有一〇%規劃為動物保育區，因此，在路途中，我們看見許多不同的驚喜。

「Tommy，你看前面山頂有大猩猩！」

「哪裡？我怎麼都沒看到？」

出身南非的選手瑪莉塔，眼睛總是可以像老鷹一樣敏銳，馬上看到前方遙遠的動物，我則是要尋覓一陣子才會找到。

十八公里處高空中，老鷹翱翔飛行著，前方一股腐臭味飄來，草叢間有水牛乾枯的屍體，推斷應該死亡一段時間了吧！而路途中還有出現一些散落的骨頭，甚至還有跟人類差不多大小的頭顱，不知道是金剛還是人類。總之，我們有點緊張的觀望一下四周草原，心想，該不會是獅子或是豹下的毒手吧……要是追來，準會變成野獸大餐，以我們的腳程可是想溜都溜不掉啊。

「刷！刷！」左邊樹叢出現聲響，阿娘威！我很驚嚇。到底是什麼？

五百公尺外的樹叢間，有咖啡色的物體在慢慢移動，是……獅……子……嗎……？

牠慢慢走出來，伸出好長的脖子，草～尼～馬！啊！不

我與南非選手瑪莉塔並肩作戰，每過一個檢查站，我們都會相互擊掌打氣。

是，是長頸鹿啦！緊張到都傻傻認不清楚了！我們不小心靠近了長頸鹿的警戒範圍，驚動了牠們，好在溫和的長頸鹿是吃素的，對我們完全沒興趣。牠嘴巴一直咀嚼著，全身靜止不動，你看我，我看你，模樣相當可愛！我完全沒有想過這場比賽會看到野生的長頸鹿，真是又驚又喜，何其幸運，而且仔細一看，竟然有五隻。

牠們靜立凝視遠方，身上咖啡色的斑斕色塊，因為陽光的照射而閃閃發亮，像是神聖的圖騰，不可侵犯。令人敬畏的巨大姿態，那樣不可思議的在我們眼前，優雅地抬起腳，緩慢地移動龐大的身軀，引領著大地，彷彿一切皆為牠所動。

沙漠有水的地方聚集各式各樣動物，幾隻小鹿在前方池塘飲水解渴，水牛在一旁樹下搖著尾巴，狐獴躲在土裡偷看著，周遭還有樹枝形狀像樹根的猢猻樹，死寂的黃沙漠中，偶爾會有綻開幾朵顏色絢麗的小花，以及沙漠特有的植物。這裡孕育著無數的生命體，不管動態還是靜止，都可以感受到萬物的心跳，任何一棵樹木都值得我們用一生去觀察探索。

太陽散發著溫度，天色無盡的藍，在這塊大地上我彷彿看到上帝的臉，在無數的生命中看見祂的優雅，感覺祂的氣息從天空吹撫而下掠過我的雙頰，輕撫著我的臉，心懷感激腳步噠噠跑著，我正通過無法複製的壯麗和色彩，面對著太陽，四周的萬

樹林間出現的長頸鹿，引領著大地的一切，
彷彿世間皆為牠所動。

物，皆是依上帝的形象而造。

這裡的動物們從出生到心跳停止，沒有束縛，大地是牠們的家，沒有邊際。物競天擇，適者生存讓牠們存活下來，奔向自由；反觀人類所創建的文明中，都市裡多數的動物園與馬戲團，主要為吸引遊客提供人類觀賞與娛樂，把生活在大自然中的野生動物一輩子放置於圍欄或柵欄內，大海中的海豚與鯨類只能游在水族館，而外來特殊氣候的極地動物如企鵝和北極熊被迫在狹小的人造環境中生存，對於自然教育也許具有意義，但是對於生命教育卻產生了極大的矛盾與衝擊。動物們的毛髮不再亮麗，鳥兒無法在空中展翅飛翔，密閉的空間產生心理疾病，動物們來回做出一些典型行為模式，如固定不斷來回踱步、搖晃，正代表動物們在不適當的環境感到痛苦，有些動物甚至一輩子都沒有到過外面，牠們的世界只有柵欄，從出生直到死亡。

人道的反思

當孩子問：「動物們為什麼要被關在裡頭？」我們要怎麼回答？想必，我們都沒有正確的答案給這些孩子。不過也有一些非營利組織透過保護活動，研究生物學與飼養瀕危動物，來保持地球上生物的多樣性。

更不用提買賣的寵物店更為殘忍。我曾經觀察看過住家附近寵物店的一隻兔子，被關在狹小的籠子裡三年，隨著體積長大，籠子卻從沒有換過，只夠牠轉身而已。

耳聞一些朋友討論要養什麼狗，或是在寵物店問挑品種殺價時，我非常氣憤，實在無法了解，為什麼人類有權利可以用金錢來買賣生命？當動物變成了有買賣、利益的關係，牠們早已失去存活的權利。在心臟停止跳動前，牠們已經變成工具。

法律的對象是保護人，卻無法保護在都市中的動物。法律對於人類所飼養的各種動物們也必須保障一定的生存空間，即使是一隻小小孔雀魚，也應該受到飼養空間上的尊重，否則，我們人類所提倡的生命教育，豈不是徹底的失敗？

人類的肉類食物大多是來自動物，為此，牠們犧牲生命。但是，市面上卻也有許多藥物含有動物的成分。於是，為了取藥，出現人性最黑暗的一面，例如抽取熊的膽汁。很難想像，在都市車水馬龍的街道中，漆黑的小巷裡關著二十多頭熊，甚至一天抽四次，那些熊一輩子都不會離開牢籠，有些熊的頭甚至不斷摩擦牢籠產生一大片傷口。

這世界很奇妙，也很難定義，誰告訴我們什麼可以吃？什麼不可以吃？是好？還是壞？沒有人能夠評斷。但我想最重要的，是面對這些犧牲自己而讓人類存活的動物們，我們應該要更心懷感恩、尊重與人道的對待，因為，牠們都是地球上的生靈。

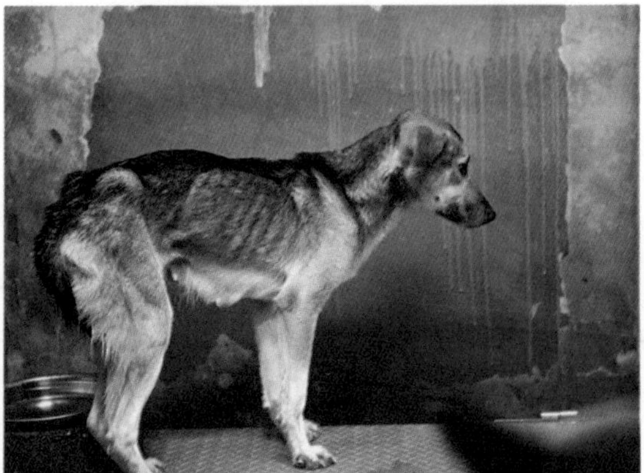

對於動物們，人類應該以同理心尊重，給予人道的對待。

此刻跑在浩瀚的大地中，我感到相當殘忍與愧疚難過。

時間感覺過了好久好久，手錶只顯示三十一公里，連一半都還沒有完成，還有好長一段路要跑。我開始有一絲絲的不耐煩，但只有那麼一點點，厚重的背包三天下來也讓我頸部、下背部、腰部產生痠痛，襪子裡面也濕掉了，應該不是汗，而是血泡和水泡都破了吧。但是，我沒時間停下來脫鞋慢慢檢查。只要跑者固定的節奏被打斷或停止，要回復頻率是相當累人的一件事。我沒有多想，撐到終點再說吧，後方還有追兵呢。

鞋子踩在碎石上，每踩一步，腳趾血泡的傷口會傳來陣陣刺痛而畏縮皺眉。我數著步伐，試圖不去注意身體上的疼痛；在心裡默默數著數，一二三四五六七八九十。每十下一組，我就會把一隻手指往下壓，數到一百，直到手指全部壓下來變成拳頭，然後從頭再來一次。每一次當我完成一百步時，感覺就像完成一個小小的里程碑，這樣一組一組的數數，讓疼痛稍微好過一些，像是催眠自己，只要跑到數字的末端就行。

雖然是最難熬，卻也是最幸運的一天，因為我看到最美麗的風景，遇到許多意想不到的野生動物。

跑吧，不斷穿梭在高山與草原間。

跑吧，用痛苦來麻痺自己，我就像隻野獸。

21 給醫師五分鐘，能救你一命

太陽沿著軌跡慢慢滑下，大地拿著畫筆在天空揮灑，寶藍色的天空轉成漫天紅塵的水墨畫，呈現深厚的紅色和橙色色調，再怎麼趕路也追不及日落的速度。

終於來到四十公里處，很好，終於跑完一半的路程了。不斷往西南方前進，從烈日當頭跑到黃昏，再跑到夜晚，天空景色不斷變化，太陽與月亮一同懸掛在天上，產生奇妙的景象，前方出現小黑點，太好了，是第五個檢查站，所有選手跑到這裡，都必須停下來，讓大會檢查強制攜帶裝備，因為離開這一個檢查站，就要和黑夜搏鬥了。

「哇，Tommy，沒想到是你！真夠快！」大會醫師大老遠喊著，看起來很意外。

「哈哈，我現在可是花豹呢！一路往前！」我開著玩笑。

「你知道你們現在第幾名嗎？」

「不知道耶，第六？第五？」一直在趕路的我，早已忘了名次。

從烈日當空跑到日落黃昏，就像無止境追尋著夢想。

「第三！而且一、二名剛離開沒多久，應該沒離你們多遠。」

「真的嗎！差距多少時間？」

「大約二十分鐘而已。」

得知名次後，我與瑪莉塔開心狂叫，振奮一下，並互相擊掌。

補給水分後我打算盡快出發。大會醫師來檢查頭燈、電池、急救毯、食物、水分、防水火柴，並檢查我的身體狀況。「腳還好嗎？Tommy？大號的鞋子磨出許多血泡，我需要你脫掉鞋子，讓我檢查一下傷口。」醫師看著我說道。

喔！不妙，我早已感覺血泡、水泡都已磨破，血水染得浸濕襪子，如果停下來治療會浪費不少時間，也可能被後方選手追上；但是，如果把襪子脫下來給醫師檢查，他看到腳趾已經流膿發炎，會不會不讓我繼續比賽？

醫師命令我停下來接受檢查與治療，勿心存僥倖，以免發生難以挽回的後果。

不管了，我覺得狀況不錯，想隱瞞醫生，便拉著背包說著：「我感覺還不錯，沒有什麼問題，可以到終點再檢查。」

醫師馬上用很嚴肅的語氣命令：「Give me five minutes, can save your life. 給我五分鐘，能救你一命！」我被這句話震懾住，只好乖乖留下來。

襪子脫掉時，飄出噁心至極的氣味。我的天，吸兩口我都快飛上青天了！

醫師左看右看著，我則是緊張到不敢說話，「血泡和水泡全都破了，還有一些皮也磨到肉，不過，看起來還算OK。」醫師以最快速的方式清潔、消毒後包紮，並解釋，如果不注意或是一個不小心，傷口感染到細菌，演變成蜂窩性組織炎或敗血症，可是會要人命的。

黑暗中，與幻想對抗

後方傳來腳步聲，李奧納多與法國選手已經追了上來。

檢查無大礙後，我只吃了簡單的營養棒與牛肉乾後就出發，接著越過一座山後進入草原。晚上六點鐘，太陽已經消失在地平線上，夜晚慢慢來臨，過沒多久，天空轉為黑幕，四周已經伸手不見五指了。「喀嚓！」我與瑪莉塔開啟了頭燈，光線照耀沿著軌跡前進，這麼黑，要如何找路呢？

每隔五百公尺到一公里之間都會有一個標記，貼有反光貼紙，只要頭燈光線照到就會發亮，所以一邊跑，頭要時常左晃右晃、低頭抬頭，好讓光線照射四周，尋找標記。如果有旁觀者，可能會誤以為我吃了搖頭丸吧？

夜晚的溫度降低許多，對我來說是一大優勢，我習慣在低溫的環境競賽，而一整天下來大家應該都累了吧，加上夜晚能見度低，速度會放慢許多，這是唯一可以追回來的機會。是時候了！我腳步邁開加速，開始全力衝刺。

我向瑪莉塔示意後開始衝出獨跑，二十分鐘後，瑪莉塔的頭燈消失在後方，突然在四周漆黑的暗夜中，身邊無人使我缺乏安全感，甚至有點恐懼。

光線照耀前方草原小徑，無法清楚看見前方的路段，小徑兩旁陰影似乎出現五、六間破舊老屋，有些甚至沒有門，看進內部亂七八糟。我心裡開始發毛，不敢亂張望，直到快速穿越小屋後方的乾枯大樹時，不知道我哪根筋不對，突然幻想會不會有看不到臉的長髮白衣女鬼或殭屍突然在前方出現，或是上吊在樹上，媽呀！我沒事幹嘛亂想啦！差一點把自己嚇死，不禁想起來南非之前，在台灣發生的怪異事件……

出發前知道，可能會在黑夜中跑步，就刻意在晚上獨自前往五指山訓練。

當晚飄雨，帶點微風與霧氣，一路上沒有任何來車。晚上八點半，快要跑到山頂時，經過一台計程車熄火停在路邊，一旁有個小孩蹲在外側水溝玩樹枝，我沒有多想繼續往山頂跑。山頂只有兩家戶外咖啡廳，僅有兩、三位客人，跑下內湖再折返，時間已經相當晚了。

雨愈下愈大，風也愈吹愈強，霧也愈來愈濃，回到山頂時，店家早已打烊，空無一人，只有路燈散發黃色微光……濃霧中，我又看見前方那台計程車，但是，先前路邊玩樹枝的小孩不見了，會跑到哪裡去呢？直到我慢慢靠近，慢慢靠近，感覺車內怪怪的，雨滴落後車窗看的不是很清楚，直到跑經過旁邊時仔細一看，媽呀！我清楚看到那小孩卡在後座與後車窗狹小空間，呈現怪異姿勢，不合邏輯，全身縮起來從車窗裡面看著我，「哇啊啊！你老師卡好！」我嚇到腳軟絆倒，另外一隻腳差點摔倒，還差一點噴尿，一路狂奔下山。好啦，其實我膽子很小，不過應該多少有練到一些膽量吧！

狂奔的膽小鬼

我敲著自己的頭，告訴自己不要亂想了，便大聲唱著歌壯膽前進，直到我完全習慣黑夜為止。歌曲結束沉靜下來，周遭顯得更為寂靜。日行性動物歸巢，而夜行性動物則群起而出，偶爾會聽見不遠處傳來動物的叫聲：「ㄍㄧ！ㄍㄧ！ㄍㄧ！」或是「吼嗚……吼嗚……」是猴子？金剛？還是鬣狗？不管了，為了追回時間，還是繼續衝下去。我不停和恐懼交戰，只能憑藉頭燈和月光找路；一段時間後，我已經不怕黑了。

一段上坡爬升，左邊樹叢間突然出現：「刷刷！」聲響。速度之快，我趕緊轉頭以頭燈照去，可是什麼東西都沒有。頭一轉回來時，沒幾秒又出現：「刷刷！」聲。這兩次的聲音完全不同，而且在草叢裡快速前進。我用餘光瞄著左邊戒備，看見約八十公尺外，有雙綠色的眼睛正看著我。近，而且近得可以，牠躲著，不想被我發現，不管我移動到哪裡，試圖把牠甩開，「刷刷！」聲總會出現，綠色的銳利眼睛總是不時出現，但是用頭燈卻看不出是什麼。

「嗶～～」我用力吹著高音哨想把牠嚇跑，但似乎起不了任何作用，牠還是尾隨在我身旁。我很害怕，不管是什麼動物，如果在黑暗中猛撲上來，我一定來不及防備。我從裝備包右側袋拿出瑞士刀握緊，拔腿狂奔一路跑。

時間過了快兩個小時，或許更久，直到晚上十一點鐘，遠方出現了終點的小燈，我打著光線信號閃爍，它也有所回應，沒錯！我奮力衝到終點！這場比賽的最長一站，我以十小時五十四分跑完七十四公里，獲得單站第三，總成績也終於上升到第三名了！

「嗚～～」這次是我在喊叫。歷經一陣痛苦，脫下跑鞋，後腳的狀況還真慘烈。此外，膝蓋、屁股發炎，痛到骨頭裡像要炸開，疲憊的我只想倒地就睡。趕緊煮了黑糖水，吃了牛肉乾加海苔蔬菜飯，再泡一杯大吉嶺紅茶包獎勵自己，大口下肚後，累癱的我連鍋子都還沒清理，就直接鑽進睡袋裡。帳棚沒有任何阻隔，偶爾會出現爬行路過的小蟲，以往我看到蟲或蜘蛛總是會毛骨悚然嚇得跳起來，但現在看到黃色慢慢蠕動的小蟲與小蜘蛛爬到我身上與手上，已經累到沒有感覺了，好吧，任由你們爬吧……

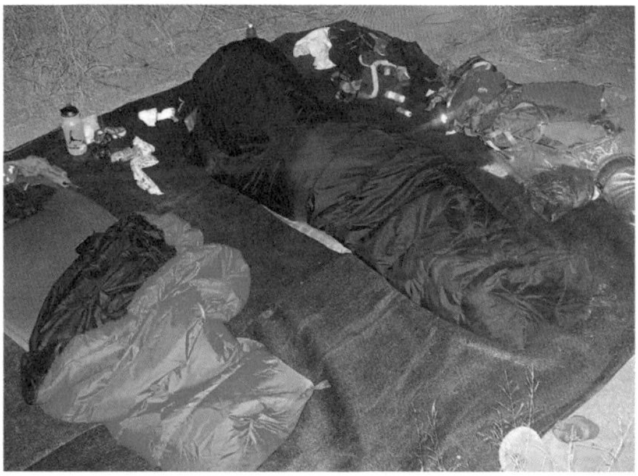

無法當天抵達終點的選手，只能在戶外露天休息，補充體力。

也有選手徹夜不眠，繼續趕路。

22

受盡苦楚，才懂得真理

DAY 6：賽程三十七公里。氣溫攝氏四十五度。完成時間八小時七分

早晨，我幾乎無法起身爬出帳棚外，全身肌肉因疲勞而僵硬，每一天都有新成員加入痠痛、受傷的行列，所有人都是一樣呈現極慢動作，邊走邊嘶嘶啊啊嘖嘖，邊走邊叫著，彷彿大家都集體退化了。但是每當一起跑，每個人又若無其事衝出去，景象相當有趣。

惠敏跟著大會車輛來看我時，才一靠近就止步，睜大眼睛，挑眉大笑後退幾步，我以為身上有蟲嚇到她，原來，是我好幾天沒洗澡，身上正散發著驚世駭俗，「正港的男人味」，讓惠敏飽受驚嚇。噗哈哈！

早餐一樣是吃到已經沒有味道的五穀牛奶麥片，大夥兒圍在一起討論著，昨晚在樹叢都有看到綠眼睛尾隨，有些人在山頂看到，有些人則是在草叢，就是沒有人知道這位神祕客到底是什麼。

大會人員說：「昨晚我騎越野摩托車到山頭拿著望遠鏡，看到一隻金剛與兩隻豹。」我的天，大家都嚇出一身冷汗，慶幸沒有變成動物們的野味大餐……

六天沒有沐浴的選手們夜宿帳棚內，
連我也渾身一股正港的「男人味」。

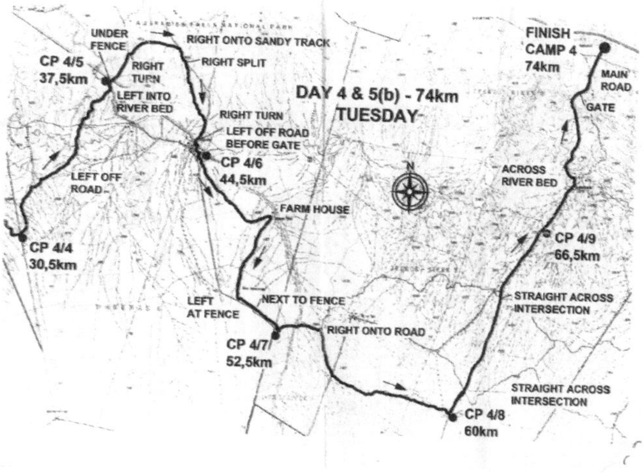

沙漠迷魂

賽程的第六天，成績慢慢分出勝負，不過差距都不太大。我和瑪莉塔結為盟友，一起互相領頭，共同找標記與相互擋風，心想只要穩住這兩天，小心一點不要出任何差錯，有機會追到一、二名。出發前，我一直研究熟背地圖，上面寫者：「左轉離開乾枯河床沙漠後，你將會在峽谷間看到標記與軌跡。註明：這條賽道不是很明顯，但會有標記。」

我們照著地圖上的指示，跑下進入了乾枯的河床沙漠，接著左轉進入峽谷。起先我先是遲疑一下，左右兩旁也有其他進入峽谷的入口，卻都沒有標記，但看著地上有許多往裡面跑過的鞋印，應該就是這裡吧？

峽谷間路線變得錯綜複雜，一下子有巨大的岩石要爬上爬下，或是要鑽過一些樹枝，腳印愈來愈少，甚至突然消失，但越過山頭後，腳印又出現了，我開始感覺不太對勁。

「Tommy，你覺得這是正確方向嗎？」

「嗯……地上有一些腳印，大家應該在前方，我們越過這山頭看看，搞不好會看到其他人。」

但跑向山頭之後，卻什麼人也沒看見。我們先暫時停了下來找標記緞帶，這時後方傳來聲音：「Tommy，你們看見標記了嗎？我們已經跑了三十分鐘了，還沒看見……」義大利、法國選手喘吁吁追了上來。

「咦？那你們怎麼往這個方向跑？」瑪莉塔問。

「我們是跟著一堆鞋印進來的，都往這方向；看起來，大家應該都迷路了。」李奧納多說著。

「如果大家都往這方向，跑錯的話一定會折返，等等應該會遇到。」法國選手推判著。

這時我們開始低頭尋找鞋印往哪個方向跑。瑪莉塔認出另外一位選手的腳印，我們就跟著往前。但是，過了二十分鐘，沙子愈來愈軟，寸步難行，前方盡頭又是另一個山丘，沙子上的鞋印也消失了。李奧納多說：「瑪莉塔，妳確定嗎？如果這些是動物的腳印呢？這裡都會有動物經過……」我開始發毛，本能的第一個直覺……我們迷路了！

迷路了，人人火冒三丈，
甚至討論到幾乎吵架的地步。

大家沉默不語，決定看著地圖路線往西

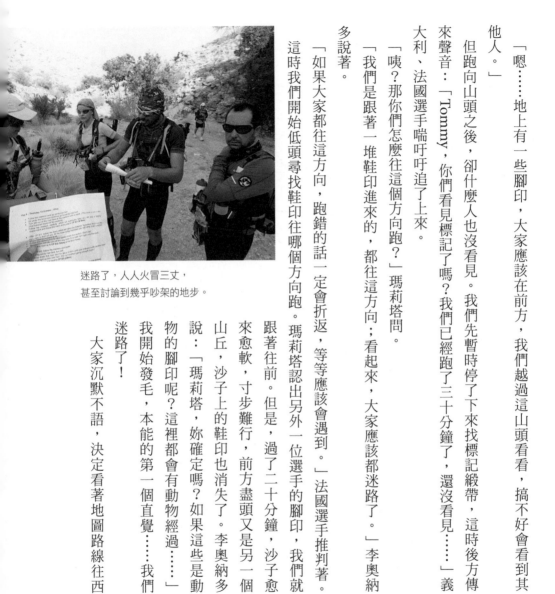

南方前進，前往檢查站，但翻越了四個山頭後，什麼都沒有。放眼望去前方好幾座山丘雜草交錯，完全失去方向感。

糟糕！迷路時間愈久對我們愈危險，溫度愈來愈高，水只剩下四百毫升，我們五個選手趕緊下山到陰暗處攤開地圖討論。

「地圖上指示有一段路都是沒有標記，也許沿著左方峽谷……」

「不！但是我們現在在哪裡都不知道啊！」

「也許早就該折返了，剛剛不應該繼續往前……」

為了討論該怎麼走才對，聲音愈來愈大，就快要吵架了。如果還是要往西南方前進，在看不到標記的情況下，根本找不到檢查站；繼續跑下去甚至我們可能失蹤在這裡，最後可能連大會都無法找到我們。

李奧納多打斷大家說：「等等！大家停一下！給我五分鐘，我爬上右邊山頂看看！」

「我到左邊的山頂。」我也跟著上爬。

「我到後面的山頂。」法國選手說著。

我們不斷盤旋，但找不到任何軌跡與綁在樹上或草叢的標記緞帶，水已經快喝光了，還是找不到任何線索。於是，大家決議一起折返。

但是，一回頭更糟糕，跑沒多久，已經不知道從哪裡來，GPS手錶也沒電了，憑著短暫的記憶找路回去，在峽谷間繞了很久，一度迷失方向。我在心中斥責自己粗心大意，怪罪自己一邊煩惱一邊往前跑，不過，此刻已經於事無補了。

看著我的水只剩三百毫升。不久，只剩一百毫升……直到全部耗盡。我的喉嚨乾到發癢疼痛。好不容易找到峽谷出口時，已經多跑了十八公里，重新回到起跑點。迷路浪費三小時，一切重新開始。

缺水的絕望

我知道，名次已經大大落後了，心中不禁升起一股絕望。昨天拚的全都白費了。我自暴自棄，根本提不起勁。到了正中午，溫度殘酷地高漲，我們五個人的鬥志全失，開始用走的。

在右邊峽谷，我們終於找到標記，它就被那該死的沙子埋在地上。

我與瑪莉塔趕緊開始加速離開群體，要追回浪費三小時的時間，但體力已經耗盡，飲水也早就沒了，爬上爬下的岩石地形讓我愈來愈喘，口乾舌燥，我們只能試著互相打氣。我計算過，到檢查站至少還要兩小時才能補充水分。馬的！血糖迅速降低，頭開始昏眩，沒想到一個閃神，突然頭暈無力沒踩好，

我們禁不起再一次迷路了，否則，
也許就會和地上的白骨一樣！

「碰！」一聲直接跌倒在地。還好只是膝蓋和手掌的皮肉傷，但是體力已經到達極限……

來到一處不毛之地，放眼望去，盡是沙漠和雜草，一點遮蔭也沒有，「啪啦！」腳好像踢到什麼，正在滾動。低頭一看，是一具屍骨，一旁還有鹿的屍體，這突如其來的景象令人衝擊。我想，我們禁不起再一次迷路了，否則，也許就會和地上的白骨一樣！

想喝水的感覺愈來愈強烈，愈來愈渴望，嘴唇已經乾裂，從出發到現在都沒有小便過，身體已經呈現脫水狀態，能夠撐得到最後嗎？

別無他法，我咬著衣領圍流汗的地方，用力吸取汗水，那怕是一口都好！我迫切需要水分，翻越一塊岩石，咬著牙，愈來愈暴躁。

讓我不禁留意起沙漠邊際是否出現些許小積水，我要喝，我要喝，拜託只要可以讓我解渴就好。我看見前方較大的積水，手已經把水壺打開，但炙熱陽光下，傳來撲鼻沼氣的不舒服味道，讓我暫時停止動作。混雜的水裡還有糞便及雜物，如果喝了，會不會染上寄生蟲？當我還在猶豫時，前方傳來汽車聲，「嘿！在這裡！右邊！」主辦單位的工作人員從右方草叢間焦急地出現，他們正在尋找我們。太好了！終於得救了！我們猛力灌著水，一飲而盡，得到解脫。

盡全力追趕時間衝回終點才知道，因為大會的標示不明，讓所有的選手全都迷路。只是，其他選手很快就找回賽道，而我們是迷路最久的一群。看了這天成績，三十七公里跑了八小時又七分鐘，慢了所有選手快四小時，成績也滑落第四名。而衛星收訊較差，無法得知所有選手差距時間，我難過到說不出話來，我竟然就要輸了嗎？好不甘心……

躺在帳棚裡休息，看著前方的荒野，感覺已經離家好一陣子，在野外生活了好長一段時間。大家時而聊天、時而沉靜望著遠方，每天做一樣的事，看到一樣的人，生活在一起。每當跑完一天的里程回到帳棚中，我就鬆了一大口氣，感覺帳棚給了我庇護與依靠，感到安全和保護，即使它只是幾塊布和可供遮陽的地方而已。我害怕的不是危險，而是獨自在浩瀚無垠的巨大荒郊，心中的寂寞與孤單。我喜歡一抵達終點進入帳棚就把裝備包卸下，打開背包讓所有東西散落一地，然後打開睡墊與睡袋，將物品一一潔癖地整齊排好，把一個小小的空間布置成有我風格的居所，這帳棚，已經慢慢變成我的家。

臨時搭建的帳棚雖簡陋，卻是選手們的「家」。

黃昏散發柔和的光線，主辦單位非常貼心，將網路上寄給每位選手的郵件列印下來發給每位選手。有的露出滿足喜悅的微笑，有的沉思，有的則是落淚。來自遠方的思念變得如此溫暖，

有多少人能忍受孤單？尤其當你離開家人，隻身來到曠野沙漠。我想，任何人都會因思念而流淚。（圖為美國選手）

字字句句扎扎實實的注進心裡。

美國選手看完信件後，便向大會租用衛星電話，接通後坐在旁邊的岩石上，聽到熟悉的聲音講不到一句馬上就哭了出來：「親愛的，喔！天啊！我真的……真的……好想妳……」「我好累，也好疲倦，無法再多熬一天，好希望妳在我身旁，寶貝，我愛妳，我好愛妳……」

美國選手一落淚，大家強悍的外殼也都慢慢瓦解，拍著美國選手的背，或是相互擊掌，最後一天，大家的感情非常好；一起經歷了這麼多，跑這麼遠，也相當珍惜最後一晚，明天，就要互相道別了吧。

月光下的心靈書寫

今晚的月亮大又圓，蟋蟀聲隨著月亮慢慢升高而鳴叫，有些人還沒睡，看著月亮，小聲的說話，也許都捨不得。是啊，我們都想家呢！

關了頭燈，我躺在睡袋裡，好一陣子都沒有睡意。看著月亮，想著比賽，想著盡了全力拚回名次，卻因為自己的大意和疏忽再度落後，難過自責到睡不著。我一度想哭。好不容易才熬過來了，克服了高溫、迷路，忍受了穿大一號半的鞋子跑到滿腳是血，為什麼在倒數第二天迷路，還因此輸掉了第三名。為什麼其他人都能找到路，而我們卻迷路，浪費那麼多時間，我好不能平衡，好氣憤。

抬起頭，看著穿了六天的賽服掛在頭上，再看看肩上的國旗、贊助商，我好對不起大家，忍不住哭了出來。我對自己失望，也對支持的朋友感到抱歉與愧疚。就在這時，我突然想到了去世的愛犬皮皮。皮皮總是會在我難過時抓抓我的手，陪伴在我身旁，好難過……但，我真的盡力了……最後一晚，真的特別難熬……

看著追回第三名的南非選手艾倫，在一旁睡得安穩，我心裡有許多不甘心。在這帳棚空間，我煩躁的喘不過去，我無法再壓抑，此刻只想要離開這裡。

我走出帳棚外，離開帳棚遮蔽，因而看清這片美麗的大地與星空。

我坐在一旁的石頭上，開啟頭燈，拿出日記本，提筆寫下此刻無法壓抑下來的煩躁。第一天、第二天，中暑、鞋子爆掉、穿大一號半的鞋子一直撐下去，每天腳趾都有血泡，每一晚都要自己為腳趾放血，很痛、很苦，我混蛋！但是我盡力了，我真的盡力了啊……

藉由文字宣洩情緒後，我關掉頭燈，仰望前方的月亮，原以為會一片漆黑，沒想到皎潔的明月散發著微弱光線，即使不開頭燈也可以將四周看的如此清楚。

枯木散發著悲傷的氣息，我緩慢的深呼吸，將煩惱慢慢吐出，然後重複了幾次。前方的樹枝慢慢在黑影中搖曳，一陣微風吹拂大地而來，不冷，也不熱，夜晚涼爽許多，如果細心感受，甚至可以感覺到大自然用微風觸及我全身每一寸肌膚。

相較於前五天，今晚的風變得好溫暖。今晚的一切如此柔和，月光灑落在大地上，也灑在大家身上，美得像一幅畫。慢慢的，我感到一股平和、平靜。

這股來自大地的柔和微風像是在告訴我：「別太快想得到你想要的，沒那麼簡單。還早呢！你的歷練還太少，吃的苦還不夠多；等到所有的苦楚都受盡，你就會得到你想要的，才會懂得那價值，那力量，那真理。」

「Tommy，你睡不著嗎？」坐在一旁的五十六歲南非工作人員阿迪卡問道。於是，我們聊了一陣子。

「你有養動物嗎？」

「嗯，養過一隻巴戈狗，我好愛他……但他過世了……常常不經意想到他而傷心落淚……」

「喔……不要難過。孩子，你知道嗎？我的家就在附近的部落，從小就生長在這古沙漠。這大地是神聖的，任何動物都是生靈，任何事物都是從這開始、結束，能量不斷地輪迴。你將與動物的靈魂一起在這共同前進，與大地和天空的靈魂一起前進，皮皮永遠永遠都在。」

「謝謝你……」

「跑吧，孩子，不要管名次，忘掉任何事。你唯一要做的，就是踏在這塊大地，盡情奔馳在草原上吧！」他的眼睛反映著月光的皎潔，我感覺得到，他擁有這大地的智慧。

23

奔向終點！全力衝刺，別無他法

DAY 7：賽程二十五公里。氣溫攝氏四十二度。完成時間二小時二十四分

「Tommy，我有好消息要跟你說。」

主辦單位的工作人員拿著成績表將睡袋中的我喚醒，我的眼睛還張不開，模糊中，感覺天色就要亮了。

對方說，我排名第四，與第三名的選手只差十七分鐘。聽到這消息，我振奮了起來，前三名還是有機會！其他選手也鼓勵我。但是最後一天的賽程二十五公里，要追回十七分鐘實在太難了。我知道將會把自己身體逼到極限，承受巨大的痛苦……但是，如果沒有放手一搏，怎麼會知道結果如何？就算會輸，我也要輸得轟轟烈烈，不要像個懦夫。

起跑前，我盤算著，再次打開地圖，看著今天的路線，只知道告訴自己：「全力衝刺！別無他法！」

九點鐘，一起跑，我像發了瘋一樣不斷狂奔，速度出乎我意料之外的快！一般的檢查站我都會停留休息三分鐘，但現在我花不到十秒，只拿紀錄卡簽名、連水都沒喝就衝了

出去，我打算只用三百五十毫升的水撐到最後九公里檢查站再補充，這樣一來，三個檢查站我就可以省下大約十分鐘，一方面也減輕重量換取速度；是的，我選擇了相當冒險的跑法。

溪流旁的岩石，比人高會割傷皮膚的草叢，或是需要跳躍、攀爬的地形，我毫不考慮就飛越過去，割傷了腳，流了血，連看都不看，只要能夠追回一秒就是一秒。

在沙土上，我認出第三名艾倫的腳印，計算他的速度。於是，我踩著他的步伐，跨著比他大步的距離，這樣一小時下來，至少會快個三分鐘，但相對的，我已經過度疲勞的肌肉負擔更大，抽筋與脫水的可能性也會提高，但是我告訴自己：「就算耗盡全力衝到終點昏倒，或是輸了比賽，我也會抓著地上的沙土，告訴自己幹的好！我沒有輸給自己，而是勇敢接受挑戰！」

但是，到最後五公里，水袋將近空了，我卻開始害怕，害怕到了終點只輸幾分鐘的時間，我開始分心，於是不斷告訴自己：「盡全力把當下的事情做好，至於還沒有發生，或是正在發生的事，就不要去多想了。」

慢慢的，景色由人跡罕見的荒漠，慢慢出現道路。耳邊傳來加油聲，遠方出現一群人。我跑啊跑，我奔越終點線了！我盡力了！每分每秒，我真的盡全力了！

但是，跑完之後，好害怕聽見結果。我大口喘著氣，也聽見自己心臟怦怦跳。

不久，主辦單位的工作人員跑過來，張開手擁抱我，說道：「Tommy，你辦到了，你

NAMAQUA
aQue
MEDICLINIC
ZINWELL
205
Tommy
2XU
NAMAQUA
MARATHON

追回那不可能的十七分鐘了！總名次是第三名！」

我喘著喘著，流下了眼淚，開心地哭了出來。

這一切的煎熬，這一切的痛苦，都熬了過來。我辦到了！世界七大洲八大站超級馬拉松賽第四站：南非沙漠賽，我以總時間三十六小時十六分第三名成功完賽！

第一名：南非　總時間：二十七小時十六分

第二名：南非　總時間：二十七小時三十六分

第三名：台灣　總時間：三十六小時十六分

第四名：南非　總時間：三十六小時二十七分

第五名：南非　總時間：四十一小時〇一分

第六名：義大利　總時間：四十一小時五十五分

歷經開刀後的身心低潮，我沒有放棄，
終於又向夢想前進了一小步。

回到休息的小木屋，我拿起大浴巾，聞著它既熟悉又陌生的清潔香味，然後把一身穿了七天的髒衣服脫掉。看著鏡子裡的自己，真是怵目驚心，我看起來不像七天前的自己。我帶著一點土味，留著鬍碴，皮膚顏色由黃到黑，發炎腫脹的擦傷，遭到裝備包摩擦的傷口，雙腿堅硬如石，嶄新的肌肉線條隆起，全身布滿肌肉線條，過去鬆軟的部位變得結實強韌，沒有任何贅肉。我換穿內褲、卡其長褲和衣服，這些衣物變得好寬鬆，好像不是我的衣服。

隔天日出，我步行到峽谷前，從袋子拿出皮皮的相片，放在石頭上與我拍照時，陽光灑落在皮皮臉上，剎那間，我感覺到皮皮對著我微笑，彷彿告訴我：「葛格，我過得很好，不要擔心，不要害怕，我永遠都在……」

我從袋子拿出皮皮的項鍊，握在手上，熟悉的味道，好像皮皮從沒離開過。我也把項圈埋在大樹下，一處無人會發現的草叢裡。如果萬物都是從這大地開始，那麼，我相信，皮皮也會隨著這項圈，靜靜地回歸這大地吧？

步行離開時，我回身望著這片大地，已經忘記埋藏的位置了。一切，都回歸自然。於是，我帶著安然平靜的心，離開這片萬物歸屬的大地。

在峽谷間紀念皮皮，我想對皮皮說：「皮皮，你也會回歸這大地吧！」

在逼近人類體能與意志的痛苦極限，
朋友們，讓我們在餘生中，
一同找到更大的能量！
如果生命像流水一樣會帶走一切，
就讓我們把它變得更有意義吧！

▶第四篇

世界七大洲八大站超級馬拉松第五站：

南美洲巴西 170 公里 non-stop 超級馬拉松賽

24 找回迷失的自信，坦然面對逆境

完成南非沙漠超馬的挑戰，我成功返台。

自從我參加極地賽事，逐漸受到社會關注。我利用比賽之後的休息復原期，參加了一些活動，幸運地成為廣告主角。不少民眾看到我出現在螢光幕前，誤以為我過著光鮮亮麗的富裕生活。其實不然。

經濟不景氣，贊助商少了幾家，我坐在書桌前敲打鍵盤，寫著贊助企劃案手邊忙著各種繁瑣的事務，再度進入無止境的漩渦，避不開，也逃不掉。頭抬起來，看看時間，又是半夜兩點多鐘了……想休息，想放鬆，想喘口氣，卻無法這麼做……即使盡了全力，也只能繼續未知的等待著贊助的消息……

距離二〇一二年五月，第五站的巴西 non-stop 馬拉松賽僅剩不到三個月時間，一樣忙著製作企劃書、打贊助電話、趕緊訂購國外的裝備、寫信或打電話到國外詢問比賽事宜、調機票。而且，即使再晚睡，無論晨間與夜晚，一樣督促著自己訓練。我的生活一如往常，並不因閃光燈照耀，而忘了自己該做什麼。

訓練之餘，我忙著研讀大會資料、找贊助、學習各種專業技能，一刻不得閒。

到底什麼是「對的事情」？

對於現今這跳躍的年代，由權威轉向多元、瞬息萬變的社會來說，已經很難定義。如果對於自己所選擇的路充滿不確定感，對於自己未來投入的人生無法肯定與堅持，當許多人給予讚美，我們便有可能過度自滿，心想：「也許就是這樣子，看來我選擇的沒有錯。」但是，萬一旁人出現三言兩語，或是受旁人遷怒、批評、不理解時，我們也可能隨著旁人的眼光，開始猶豫自己是否正確，感到徬徨不安。這時，自己已經忘了什麼是對的事情。

奇妙的是，旁人不會為你承擔任何事情、任何結果；但是，我們卻會在意旁人眼光而猶豫或是改變想法。人的價值不在於外表，而是反求諸己，存在心裡的智慧啊！

忙到天翻地覆時，電腦硬碟卻不聲不響的壞了，幾乎把我逼入絕境。

經過連續幾個月的忙碌，天天都忙到深夜，除了訓練之外，出發前，事情仍然做不完，眼皮很重，心靈很疲憊，時間不斷的壓縮，給自己的壓力也逐漸暴增，沒有一分一秒可以對自己馬虎與懶惰。

有一天訓練完，已經是晚上八點多，突然間，電腦的兩個硬碟同時壞掉，所有的企劃書、合約、國外資料、比賽珍貴影片、還有皮皮的照片，全都不見了！我冒著冷汗、焦急到快哭出來，趕緊打電話求助於一位大哥。訓練完，全身是汗，沒時間沖澡就趕忙抱著主機去搶修，直到半夜三點多，終於把硬碟的資料救回來。

長期熬夜之下，感到身體不適，而事情多到處理不完，心情低落，思緒糾結，在腦中一個纏繞一個，就像打了好多結；即使拿出我百般求勝的意志，卻聽不到、感覺不到好轉的跡象，感覺陷入漩渦，愈陷愈深……我感覺遇到了低潮……糾結的思緒被壓抑著……試著尋找窗口，沉重的壓力，不斷開始徘徊。我知道，我只能專注於一件事：繼續跑步，回歸我該有的訓練，那是我唯一擁有的，也是唯一可以放鬆與不斷自我勉勵、自我對話的方法。

前往奧地利科學研究中心訓練。（圖左為受訓中的我）

腳步雖輕快，擺臂與喘氣順暢，速度維持十五公里，日落、微風、看著影子，景色不斷快速變化，不知為什麼，我跑到一半突然開始哽咽……好累……真的好累……為什麼所有事情感覺像是無法解決，總是沒有答案。我的眼眶泛淚，步伐亂了，腳步隨意跨步，突然一股力量快速由體內爆炸，我瞪大眼睛，不斷衝刺，大聲吼叫著，衝到沒有力氣仍逼著自己繼續跑下去。我一直跑，一直跑，直到全身僵硬再也動不了，才停下來，撐著雙腿，搖搖欲墜。看著自己的影子，急速喘氣，汗水由臉頰滴落，我的思緒流動，慢慢的，又靜了下來，回首周遭景物，重新呼吸，再看著自己的影子，陪伴我一起築夢這麼多年，才領悟：「原來，我並沒有失去什麼，因為，一開始本來就什麼都沒有，到現在也是一樣。我擁有的，一樣是我的夢想，一樣是永不放棄的決心……」

如果你還想不通，讓自己受到束縛，我相信，是某樣東西讓自己與夢想迷失了：那就是外在環境名利的誘惑。

我是幸福的：還能夠奔跑，家人健在，還有支持我的朋友；陳彥博，你不該繼續沮喪與低落，還有一個多月，你該拿出本有的意志，全心全意地面對所有考驗！去嘗試去抓住那一點機會，即使會像以前忙到沒時間休息，累到住院，也會每天都專注於目標上，凝聚著那點信念，至少，我會告訴自己，我二十五歲時並沒有白活！

身心狀況漸漸恢復後，不久，我收到好消息，台灣 Red Bull 公司的李振賢大哥資助我前往奧地利科學研究中心訓練；默真姐提供家樂福大賣場的麵包烘焙區空間，讓我模擬氣溫攝氏五十度的環境，在烤箱環境裡訓練。

每當旁人聽到，都會以訝異以及無法理解的眼光看我，這常會讓我捧

在家樂福賣場的麵包烘焙區進行高溫模擬訓練，提高耐熱能力。

腹大笑。對我來說，別人以不同的角度來看待我與理解我的經驗，反而讓我覺得有意思，人生本來就充滿了考驗與試煉，所以不論何時何地，我都試著莞爾一笑，幽默地去看待生活。

完成奧地利的訓練，回到台灣，我進行最後一天的調整訓練。大雨持續下著，我自律的換上跑鞋，忘了雜念，忘了道路，忘了山區，忘了台北，專注感受著腳踏的每一步，呼吸。感受著氣體在胸腔換氣的流動，聆聽。感受著身體節奏與大自然的融合，從雜亂的思緒中，慢慢的，靜靜的，找到了旋律，繼續向前。我已經準備好。出發，出發前往夢想的國度。

挫折，會過；痛苦，挺過。

找回迷失的自信，坦然面對逆境。

沒有人可以阻止你前進，只有你自己。

25 正視環境的警訊，避免身陷險境

已故搖滾巨星麥可・傑克森（Michael Jackson）在《History》專輯中有一首單曲：〈They don't care about us〉，歌詞表達對弱勢族群的同情，受到不實指控與迫害的憤怒，呼籲人們為捍衛自己的權利而戰。也是他爭議最多的歌曲之一。

這首單曲影片的拍攝地，位於巴西聖路易斯（São Luís）的濱海城市薩爾瓦多（Salvador），就在 Pousada Portas Da Amazonia 旅館前的大街上，多達一萬二千多名的群眾蜂擁而至。因為人數過多，巴西政府甚至出動一百五十名暴鎮警察維護秩序。

為了比賽，我跟隨行為我攝影記錄的學弟吳信和即將住進這個旅館。沒想到，四年前，麥可傑克森就住在這間旅館，我興奮的差點飛上天。他是我最崇拜的偶像，比賽時透過耳機聆聽的歌曲，有不少是他膾炙人口的作品。他的音樂影響著全世界，各國的大街小巷不時都還播放著他的經典歌曲，更不用說曾經成為MV現場的此地，據說店家都會播放幾首。我渴望能唱和著「咆！」「咿呼！」甚至跳上一段舞蹈，或是來個月球漫步，與居民即興玩在一起，只要走到一半聽到麥可的歌或節奏，我就上身了。「咆！」

薩爾瓦多歷史悠久，處處有古蹟。

說到巴西，人們的印象可能只停留在里約。但是，多數人不知道，薩爾瓦多是巴西第一個首都。在葡萄牙人統治之前，先由法國人建城，然後被荷蘭人占領，十七世紀至今的歷史建築物，幾乎全都保存完善，城市就像是一座露天殖民時期博物館，約有四百六十年歷史，建築幾乎全是巴洛克風格。鋪著手繪陶磚的古民居，不同的顏色和大小，用石塊鋪成的街道，不計其數的瓷磚以獨特的風格保留下來，聯合國教科文組織將之列為世界遺產之一，這座城市也稱為「寶庫之城」。

人煙稀少的城區，警察卻不時巡邏，感覺分外異常。

我滿懷期待來到薩爾瓦多城。但是，第一天抵達，就跟想像中有著落差。

剛下飛機，坐計程車前往旅館，就覺得周遭不太對勁。城市地處偏遠，市容落後，屋舍極為破舊，許多黑人沒有穿衣服，就坐在路邊。我下車走在路上，一直被盯著看，彷彿下一秒就會被洗劫一空。

抵達旅館後，中午去附近走走。才剛走到街上，旅館的主管馬上衝出來，急忙把我拉回去，解釋：「你們不應該帶相機走出去，太危險了！過了這一條街，幾乎都是不安全的，一定要特別小心。東西可能被搶，還是把東西留在旅館好。」

真的假的？大白天耶！有這麼誇張嗎？看起來……

應該還好啊！

我們出去晃盪，街上果真沒有什麼人，還有三個據點一直有警察來回巡邏著，各個全副武裝，手上還握著長槍，人家說一個地區的安全，看警察的裝備就知道。我步行離警察遠處，看到一堆垃圾，聞到尿臊味，一旁的破屋有黑人對我大叫，我心裡才開始覺得毛毛的……

到了晚上，街上果然空無一人，感覺就像個孤寂的死城，旅館人員警告我們：「晚上絕對不要走出這一百公尺，這條街以外。」不過，我仍然沒有想太多。

市區常見高樓大廈與貧民窟相鄰的矛盾地帶。

為了提前適應比賽高溫，我在旅館不吹冷氣，甚至刻意在中午出門曬太陽。下午換裝出門，在街道上做調整訓練時，不免提高警覺。但是，坑坑疤疤的路面與崎嶇的石頭路，根本無法好好配速跑。我眺望一橋之隔的對岸，是高樓林立的區域，和我們旅館所在的地區有如天堂與地獄之差，於是跑過跨海大橋，一個左轉下階梯，穿梭小巷右轉出來，沿著岸邊跑步。

我的天！這條馬路好得不像話，就像是剛

鋪好的一樣新、平順，終於可以維持速度，好好練跑調整。心情愉悅之際，漸漸發現，周遭的房子……鐵皮屋……磚頭碎裂的屋子……行人都是沒有穿衣服、鞋子的黑人，垃圾隨意亂丟，路上臭氣四溢，才警覺到：「我該不會……跑進了……貧民窟！」

我就像是動物園裡的動物，街上的人們都停下工作往我瞧。有些路人很熱情，有小孩子看著我，用日語說：「阿里嘎多！」招手示意要我進入一條小巷；還有女孩對我說：「I love you！」笑開懷，沒想到我這帥氣小生也可以電到異國女孩，還想說待會折返要不要跑進小巷子探險。但是，有些人看我的眼神與表情，就像盯著獵物一樣，極不友善。

跑到湖邊六公里後折返，回到方才跑過的新馬路，岸邊停著一輛警車。我看四下沒車，趕緊穿越馬路。沒想到，警車不停按喇叭。糟糕！該不會是穿越馬路被警察警告吧？我趕緊向他揮手說抱歉，繼續往前跑。只是，喇叭聲還是沒停，反而變成長鳴，按得更兇。一回頭看，警車已經衝下水泥道路，馬力全開，油門灌到底，開著警笛飆過來。該不會是要開我罰單吧？還是跑上不該跑的路？

警察飆過來，馬上搖下車窗，用我聽不懂的葡萄牙文說：「@#$%$@~~~！」

我趕緊補上：「你會說英文嗎？」

這時警察說：「這條路『極度非常』危險，你們不應該走這條路，這裡常常發生搶案與重刑案，一些毒販也在這，我們不知道他們會對你們做出什麼事。看看路邊那群坐著的人，他們正準備把路人拖到巷子裡行搶。看，這裡幾乎沒有人車經過，趕快回去！這裡太危險了！」

生平第一次坐警車竟然是在巴西，不是因為犯法，而是受到保護。

但我卻愣愣的說：「但是，剛剛我們就是從這條路跑出來的……」

這時，兩位警察們都傻眼了，問明地址後，就這樣帶我們上警車了。我的老天爺！我生平第一次坐警車，而且還是在巴西！

接著，兩位警察又說：「那不是一般人會去的地方，是貧民窟，沒有人可以保證那裡的安全。」

天啊！還好警察看到我們，趕緊載我們回旅館，不然一定被搶到只剩光屁股，或是發生意外。我去過南非、印度，沒想到，這回卻來到最不安全的區域。出門在外還真的要注意安全啊！

回到旅館才明白，過去，薩爾瓦多是個商貿區，後來缺乏工業而凋零，人們慢慢離開，城市也逐漸變成廢墟，漸漸的，無家可歸的人們紛紛來到這裡，出現不少街童和土匪。巴西當局正想盡辦法改善並維護這座老城。

MONCK

26

恐懼比黑暗更能崩解意志力

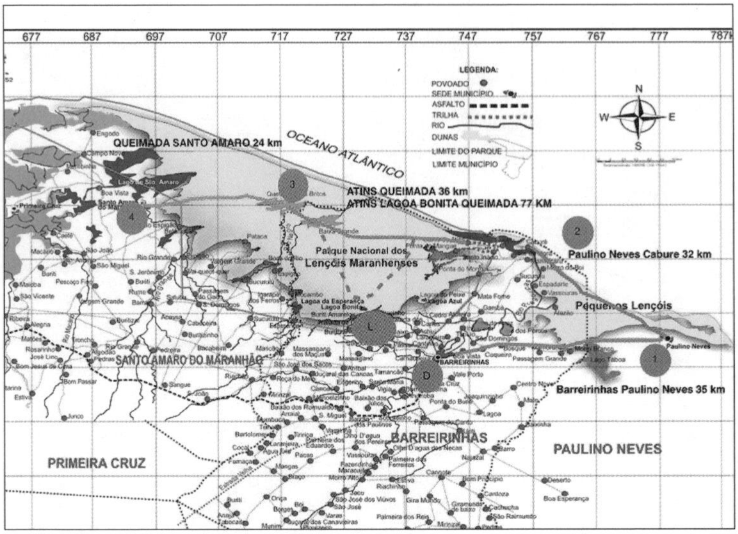

比賽地點位於巴西東北部，近赤道的馬蘭漢西斯（Lencois Maranhenses）國家公園。

出發前一晚，主辦單位才將輸入所有衛星定位座標的GPS提供給選手。一百七十公里的路程，少數有標記引導，選手必須依賴手上的GPS定位座標找路前進。

賽前的課程中，在地的科學研究人員播放投影片說：「歡迎各位來到巴西：美麗的叢林。只要你熬過前面的路段，後面就能夠看見你無法想像的壯麗景觀。不過，首先讓大家辨認一些圖片：蚊蟲、鱷魚、美洲豹，以及我看過六公尺長的蟒蛇纏繞人的脖子……」不是開玩笑吧？講到這裡，大家都冒冷汗了。沒想到，補水站也只有四站，最遠一處水站有七十七公里遠。

聽完賽程解說，原本有四十三位選手參賽，大家聞之色變，紛紛轉到三天分站賽去。最後，只剩來自巴西、法國，以及我，共五位選手留下來挑戰。

做好萬全準備，夜晚臨睡前，我向天空禱告，期望能平安完成這次賽事。

清晨起床，比賽開始。我跟其他三位選手一起進入這座迷宮般的叢林。

抵達位於三十五公里的第一個檢查站，是一座小小的村莊，只有三十幾戶簡陋的住家。隨著太陽慢慢西下，天色慢慢變黑，我早有撐過黑夜的打算。推算如果一小時跑十公里，加上休息找路，最慢二十四小時內便可以完成比賽；也就是明天正中午十二點前就能抵達終點。

快速補充完水分，我繼續往前跑到村莊的最後一盞路燈。GPS方向與地圖指示繼續往前進入沿海沙灘，而距離第二個檢查站（登船口）有三十二公里遠。我看著接下來的路段，一片死寂，伸手不見五指，跑進去就像是要被黑暗吞噬，散發著令人不安的氣息。

我緊張地吞了口水，決定先卸下裝備包，坐在散發著黃色光線的老舊路燈下，讓肩膀、腰部、腿部肌肉暫時放鬆五分鐘，吃葡萄乾巧克力補給包，戴上頭燈，讓雙眼慢慢習慣光線的亮度。而後半段的比賽將會涉水，我便將所有物品都裝進防水袋裡。

坐在地上，邊吃東西邊咀嚼，看著前方的黑暗，接著頭抬高左右微轉，看看路，但是，頭燈照耀範圍僅有十公尺，其他什麼都看不見。

「起來吧，休息夠了，差不多要繼續往前跑了。」

「別害怕，距離領先在前方的巴西選手差距四十分鐘而已，他就在前方，再加把勁就可以追上了，出發吧！」

我對自己加油打氣著。這也是這些年參賽以來，每當害怕時，自我鼓勵的一貫方式。

比賽開始不久，路面有不少地方積水，到處都是爛泥巴，沒有一條路像是正確的前進方向。

◀迷霧叢林

入夜後，氣溫降得極快。雖然冷，但只要能跑起來維持體溫，大致上都沒問題。我愈跑愈輕快，打算在後半段的一百公里一舉反攻。比賽現在才正要開始呢。

慢慢的，離開了村莊最後一盞燈不久，跑到燈光最後能照耀之處，與前方的黑暗形成一條線。跨越這條線之後，我已置身黑暗之中。藉由頭燈的光線，我低頭看見沙地上的腳印，並跟著足跡前進。

GPS定位指示，前方一百公尺後要九十度的左轉，一般我都會將手錶GPS地圖顯示為三十公尺的範圍，也比較省電；等到接近檢查站前五公里或是轉彎處，才會把地圖縮小轉換成五公尺範圍，才不會跑錯路。我再三確認是西北方位後，在轉彎處拿樹枝在沙子上做下X記號，萬一迷路，還可以知道回來的地方。

左轉進入五分鐘後，路段開始遍布綠色雜草藤蔓，有些地方還有積水變成爛泥巴，四周慢慢變成叢林地形。跨越了一段小溪流，冰冷浸濕的鞋襪讓雙腳都很不舒服，腳印足跡也消失了，草木積水亂竄，沒有一條路像是正確的方向。

不，正確地說，應該是沒有任何一條路，而是在叢林裡尋找方向前進。我小心翼翼放慢速度，照著GPS的方位往前，閃著藤蔓、跨過倒下的乾枯樹木、穿梭在樹林間，此刻迷路的不安與疑慮已經慢慢出現在我心中。

「嘩！嘩！」說時遲，那時快，地形馬上又變成沼澤，雙腿陷入泥水中，濺起許多水花，抬腳都要耗費不少體力，我疲憊彎下身，撐著膝蓋前進，喘著氣吃著Power Bar，試圖靜下心判別方位。

突然一個重心不穩。完了！左腳勾到水裡的藤蔓，右腳一個踩空，「啪！」我整個人摔入沼澤裡，嗆入不少水，趕緊站穩後還好沒有大礙，不過，全身的衣服與裝備都濕了，折到的左腳也隱隱作痛。

確認沒事之後，我開啟GPS手錶的燈光功能，看著橘色

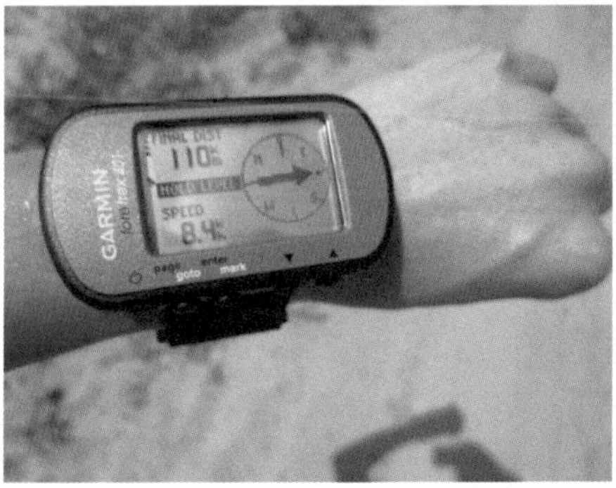

這場比賽的路線很少有標記，選手必須仰賴GPS來定位方向。

發亮的螢幕裡，指示直線往前三十公里抵達CP2（補給站），但因身在叢林中，有許多樹枝與藤蔓，不時又會經過沙丘與湖泊，根本難以直線前進，常常要在樹叢間左繞右繞、在沙丘爬上爬下。

我盡力克服各種地形路段，跑過了沙丘、叢林、湖泊涉水，但每當我看GPS時，路線都已經偏離航線。咦……怪了，我明明照著羅盤的指標前進，沒有錯啊！

於是，我繼續遵循著顯示方向前進，不斷在叢林與沼澤中交錯，有些地方渡河甚至水深及腰，或是不可能穿越的叢林縫隙，一直找不到正確的方向。

最後，我決定沿原路折返，回到剛剛做X記號的地方，重新再來一遍。

跑超級馬拉松賽時，最痛恨自己跑錯方向，到底要折返回頭，還是繼續跑下去找路？徘

向晚，路徑愈來愈難分辨，緊張感隨之提高。

徊在兩者之間猶豫著，無法當機立斷，不僅浪費時間也耗費許多體力。

但是，即使百般不悅，或是多麼不願意，都要盡快接受跑錯路的事實，也只能如此。為了避免上一回在南非迷路的事件再度發生，我確認座標，也確認方向，好！都沒有問題，照著路線再來一次。

但是，我卻發現，不管怎麼跑，GPS總是把我帶往不同方向，呈現S形或W形軌跡，一直無法直線前進。我回頭重新跑了三次，都是相同結果……「最後一次！再試最後一次！如果都沒有辦法就回到CP1，去求助主辦單位吧……」我下定決心。

我決定重新設定，回到剛開始迷路的座標，重新前進，繼續找路。

這一回，我比前幾次跑得更遠，一度以為找到正確的方向，跑了好遠，直到在一個沙丘突然看到腳印，我想：「太好了，終於找回方向，看到巴西選手的足跡了。」但是，仔細一看，我開始冒冷汗，那是……我自己的腳印，剛剛我才經過這裡……繞了兩個多小時，我竟然還在原點……不可能！不可能啊！指標都沒有錯誤啊！笨蛋！笨蛋！你已經浪費不少時間了，搞不好其他選手都追過去了！」我狂怒大吼著。隨著跑錯路，浪費的時間愈來愈久，我愈是生氣暴躁，心情就愈著急慌張！

不斷強逼自己冷靜下來，冷靜下來！一一檢視所有問題，我做了決定，我要順著這個方向走，無論它通往何處。於是，我忽略所有途中的岔路，即使它們看起來有多麼吸引人，多麼希望無窮，因為我確認：如果我不這麼做，我永遠只會在迷宮裡無止境打轉。

於是，我橫越好幾條溪流，爬上沙丘，用頭燈查看路線。

正當我舉起手，按下GPS手錶按鈕時，嗯，奇怪，它沒有任何反應！試了好幾次，結果都一樣！接著，螢幕燈光功能失靈了！我全身冒冷汗坐下，緊張的看著電池顯示計，至少還有一半以上的電力，應該不至於會沒電啊。

我祈禱著，千萬不要當機或壞掉……突然間，我想起來，會不會是剛剛整個人跌入沼澤中，GPS進水導致故障？現在我也無法使用定位功能，羅盤無法顯示，座標方位一閃一閃跳來跳去，發出不太正常的「嗶~嗶~」聲。

我驚愕地倒抽一口氣，儘管截至目前，跑了五十公里，我明白在野外什麼事情都可能發生。話雖如此，但是，GPS故障令我非常驚訝。不！是惶恐，非常惶恐！

我想到的解決辦法是：關機換電池重開。

不！不行！如果地圖全都洗掉了怎麼辦？沒有地圖標示，就等於是比賽棄權了啊！到底該怎麼辦？

入水後，我一度不敢往前進，深怕黑暗中危機四伏，或是水深不見底。

27 獨行求生，結伴求勝

「沒有辦法了，已經沒有辦法跑下去了，回頭吧，回頭吧！回到CP1找主辦單位求助……」此刻，我已經失去鬥志，決定回頭折返。但一轉身，不妙！我完全迷失了，不知道身在何處，也找不到回去的腳印。伸手不見五指，我開始慌張。

忽然，頭頂上一個東西搖晃下來，「哇啊！」我嚇得大叫。

約一公尺長，咖啡色的蛇就盤繞在樹枝上，虎視眈眈的看著我。我趕緊後退慢慢離開，深怕驚動牠。記得主辦單位在賽前曾說：「CP1前往CP2的路段較危險，沼澤與叢林間是蛇、蜘蛛、鱷魚、美洲豹的地盤，不過出沒的機率很少，如果看到千萬不要驚動牠們，輕輕慢慢的離開……」

此刻驚魂未定，四周一片漆黑又找不到路，血糖劇降，我已經快要支撐不下去，怎料，危機接踵而來。

我在黑暗中走了一陣子，尋覓不到回去的方向，身子也開始發冷，低血糖症已經開始讓我暈眩。搖搖晃晃爬上一個陡坡沙丘後，終於，我看見右邊極遠處有著黃色微光，那裡就是CP1了。我抓好正前方位置後，趕緊要回去。但是，上上下下的樹叢與沙丘地形擋住了燈光，常常容易偏了方位而跑錯方向。

前面有一大片湖泊，深不見底，我選擇繼續直線前進，因為如果繼續繞路，我一定會被繼續困在這裡。

「咚！」我冒險踏入水中，冰冷到心坎，慢慢往前，水位愈來愈深，從腳踝、腰部，最後水深及肩。「不管了！往前吧！」手一滑，雙腳一踢，奮力開始打水游泳時，水聲把我驚醒了。

踩不到底的湖面，看不見前方任何東西，只能看到頭燈照射的範圍，其他什麼都看不見。我不知道有多遠！湖泊有多遠！有多深！會不會有鱷魚或巨蟒從水裡衝出來？我不敢多想，雞皮疙瘩已經布滿全身。所有裝備全濕，鞋子也進水，游沒多久，背上沉重的裝備開始把我往水裡壓，我用抬頭蛙式游的愈來愈吃力，腳趾頭踢水踢到開始些微抽筋，心跳愈來愈快。我毫無把握，只想趕快游上岸。

也不知道過了多久，依然沒看到能上岸的地方，我開始害怕、慌亂，掙扎地開始死命撥水，心想，怎麼會笨到亂做這種冒險的決定！身體慢慢往下沉，我用盡力氣往前游，浮到水面上呼吸，張大嘴巴吃水了，又大口的呼吸。

此刻驚魂未定，四周一片漆黑又找不到路，血糖劇降，我已經快要支撐不下去。

就在前方，湖泊中間終於出現了小草叢，得救了！我用盡最後一絲力氣抓住，上岸後躺著喘了好久，氣溫降低，颳起風來，濕冷的衣服讓我不斷發抖，體溫不斷降低，求生毯也濕了。不行了，我動不了，只想躺著，讓我躺一下……

「趕快坐起來！別再亂哀哀叫！趕快把衣服換上取暖！聽見了嗎！」忽然間，我開始對身體發號施令，打開裝備包，趕緊換上長袖保暖衣，全身依然在發抖，嘴巴、四肢、往心臟的地方慢慢發麻，我最害怕的事情發生了——失溫。

我發抖著，握著水壺，把所剩不多的水喝完。想起背包裡有個防水火柴，於是，運用我學到的求生技能，趕緊起身折了一些乾樹枝和樹葉，觀察周遭，四面環水，才知道我可能爬上湖泊中間的小洲上。

我的身體已經呈現慢動作無法自己控制，身體也開始發麻，我挖了一個洞，把樹枝排成交叉井字型，中間放滿雜草與落葉，手指不斷地抖動，刷著火柴，我知道，火再不趕快生起來，不久一定會昏倒。「混蛋！趕快啊！求求你！」我大吼著，直到第四根火柴，「嘩！」一聲，終於成功擦出火苗，煙慢慢升起，我已經頭暈無力，隨意丟了樹枝讓火燃燒起來，我閉上眼，雙手抱著膝蓋靠在火堆旁取暖。

四周無人，這種漆黑讓我聽見自己的心跳，與急促的呼吸聲；然後，恐懼逐漸被放大，好冷、好餓、好暈。此刻，死亡的恐懼已經慢慢纏繞心頭……我已經到極限了，不能再下水找路了，我只想活下來，已經無法再繼續跑下去了。這一刻，我的士氣落入塵土，眼睛盈滿淚水。我只想放棄，放棄這比賽，沒有人是天生勇敢的，在生死關頭，還是害怕的……

奇異幻境

我感到內心一陣被掏空，感到虛無。睜開眼，我被眼前的景象嚇到：恍恍惚惚的狀態下，我看到了自己，如此清楚。他在生火，撿樹枝，做著一樣的事情，慢慢的，慢慢的，我離自己愈來愈遠，心緒飄盪，我也感到愈來愈冷，慢慢地被這寒冷虛無給帶走，慢慢地被掏空所有一切，到底他是我？還是我是他？到底誰是誰？還是我已經離開了自身的肉體，這是我的靈魂嗎？我究竟在哪？不！我要撐下去，回到所屬的地方。短短的時間，我閃神一下，看著前方的火堆，體溫終於慢慢回復，脫離險境。而剛剛到底發生什麼事？我也不太清楚。

我飢餓到把僅剩的食物拿出來，只剩一條堅果營養棒、八顆綜合腰果巧克力、一包泡麵。看著食物，我計算著，還有一百二十公里以上的路程，幾乎無法撐完。跑過每一場極地超馬，我經歷過、忍受過許多，但是，每一次都不曾想放棄。當放棄這個念頭浮現，我又會想出另外一個理由，來支持完成每個賽事的想法。

但是此刻，在這黑夜中，迷路了四個多小時，我覺得受夠了，我要放棄，我要放棄，放棄放棄放棄放棄！我一回到ＣＰ１就要撕下號碼布，向主辦單位棄權，然後我要好好睡上一覺，我不管了！一切都無所謂。我已經打從心裡要放棄這場比賽，任何人都無法改變我的決定。

我爬起身，再度下水，游上岸。耗盡所有力氣，我終於回到了記號X處，村莊最後一盞路燈下，癱坐著，像是在鬼門關前走了一趟。路上一個人都沒有，我憑著模糊記憶慢慢走回CP1，但一直找不著，走到一戶人家，喉嚨乾渴脫水的我趕緊敲門，比手劃腳的向他們要水喝。他們見狀後，熱情地倒水給我，還幫我聯繫主辦單位的工作人員開卡車來載我回去。

結束了，我要棄權，我心裡已經這麼打算。

回到CP1後，我一下車，主辦人很驚訝，連忙問我：「Tommy，發生什麼事？你怎麼回來了？臉色這麼差？」

我表明決心，主辦單位卻對我說：「你確定嗎？要不要先休息一下，等身體回復了再跟我們說？況且你不是最後一名。」

我以為已經沒有任何人了，沒想到法國選手才準備離開，「Tommy，我們再過十五分鐘後要出發，你還好嗎？要不要等等和我們一起走？不用現在回答沒關係，你休息一下，不勉強，這是你的決定。」

聽完這句話，我好掙扎，好痛苦，我都已經痛下決定，要放棄比賽了，但他們卻留下希望，留了一絲機會給我。現在已經是晚上十一點，我好猶豫，很不想跑，剛才迷路的遭遇，到現在我想起來都會怕……口中吃著暖暖的泡麵，我想著：「現在放棄可能

在黑暗中下水，彷彿從鬼門關走了一遭。

不只是一下子，而是一輩子都會後悔做出這樣的決定……」於是我告訴自己：「跟著一起跑，到無法再撐下去時，我就要喊停，在CP2退出比賽。」

再撐一下下

於是，我決定，再撐一下下。

雖然做了決定，卻仍沒有完全說服自己，我心不甘情不願與法國選手們一同出發，再度來到做X記號的轉彎處，我說：「我就是在這裡開始迷路的，後面還涉水。」

「嗯……別擔心，讓我們來瞧瞧。」

我已經全身無力，是最後一個跟著前進的。我們再度跑入迷宮裡，尋覓不到方位，四人同時看著各自的GPS定位並討論方向，「天！那是什麼?!」法國選手跳起來看著腳下喊道：「蜘蛛～～」

我們驚見沙子上爬著一隻比手掌還大的黑蜘蛛，全身佈滿了毛，應該有毒，好奇地慢慢靠近頭燈照耀處，接著蜘蛛便快速的挖起沙，埋在裡面躲起來，情景令人毛髮直豎，天曉得這叢林裡有多少隻蜘蛛。

繞著不同的路，跑了一段時間，看來應該是往正確的方向前進，「Tommy，你剛剛有跑過這嗎？地上是你的腳印嗎？」

沙丘上我們看到雜亂的足跡，繞著圈圈跑不同的方向交錯，我心想，領先的巴西選手應該也迷路了，心裡燃起一點希望。我們互相照應，邊跑邊和 Patrick 瞎聊，才知道他是法國航空公司的機師，因為看見世界遼闊無邊，便決定不斷突破自己，用雙腳跑遍險惡極地與探險。

「我生活中不缺什麼，但我不想單調的結束一生，每一次參加比賽都讓我有新的體驗，對於害怕的事情，每當克服過去，也讓我愈來愈堅強，你怎麼想呢？」

我同意的著點頭，他的話振奮鼓舞了我，現在，我懷抱新的決心與意念，在黑暗中繼續前進，於是，我將放棄的念頭丟到一邊，再也不去想。

路線來到筆直的海灘，時間已經半夜一點鐘，因法國選手速度不若之前快，我的身體按捺不住性子，不斷想獨自先往前，但又想到剛剛他們為了等我留下來，現在我超前他們獨跑，實在非君子，好比小人。我向心軟的自我妥協，決定：過了CP2再分開吧！

半夜抵達CP2之後才知道，遠比預計的時間大幅落後，慢了八小時，而最後一百公里路段才正要展開。

我們坐了三十分鐘的船，來到有如仙境之地。船夫靠著多年累積的經驗，無需任何燈光和科技儀器，就能摸黑在海上行進。靠岸後，我披著急救毯，眼看再過一小時即將日出，大家決定在沙灘上小睡，等到破曉再出發。

出發前我充滿信心，毫無預料到，幾個小時後的我，竟然在黑夜中被恐懼擊潰，喪失前進的動力。

28

你所渴望的，大自然會給予

看見清晨第一道光，信心忽然倍增，再度充滿鬥志。

天色微亮，光線柔和，帶一抹雲彩，一片廣闊無邊的蔚藍天空慢慢劃開，四射的光芒將我從昏睡的疲憊中喚醒。

我隨意吃了營養棒，喝口水便繼續出發，原以為二十四小時就可以完賽，所以攜帶補給食物不多。看來，最後一百公里肯定要挨餓了；我再也禁不起第二次迷路。

千湖沙漠，沙丘之海

通過一片雜草，我終於來到期盼已久的地形：巴西沿岸最美麗的地方——馬拉尼昂州（Lencois Maranhenses）國家公園。沿海與內陸分布覆蓋了一千五百多公里的白色沙漠，因風化作用造成許多高低起伏炫目的沙丘，高度落差甚至達到六十公尺，如同潔白床單般的風景，因此被命名為「Lencois」，葡萄牙語意，就是床單。

在沙丘間爬上跳下，很難想像這個擁有全世界最大雨林的國家，竟然會有一大片沙漠。脈搏在指尖悸動著，腦袋在烈日下如火烤，前方晴空萬里找不到任何遮蔽物，後方一片雲層烏雲密布，開始產生變化，快速往我所在之處飄來，沒多久，「滴答！」下雨了！跑著跑著，磅礴大雨聲從後方將我吞沒，這一大片烏雲已經追上我，籠罩在頭頂上。不過，這烏雲來的正好，吹著涼風，又幫我解渴，我邊跑邊把頭仰高，張大嘴巴，用舌頭接雨水喝，也讓大雨帶走我一身的熱氣與不悅。

亞馬遜河流域的氣候使然，這裡會有定期雨季，或時而乾燥悶熱。而降雨也為這個沙漠造成一種迥異於其他沙漠的奇特現象：降雨時，雨水會在沙丘間形成一個個晶瑩剔透的藍色潟湖池塘。

這一大片烏雲來得快也去得快，十分鐘後便離我而去，真是難以捉摸的奇妙叢林氣候。後方炙熱的太陽開始耀眼的散發光芒，我則奮力追著烏雲跑，希望烏雲能多待一些時間，為我遮蔽火燒的太陽。但是，我的腳程畢竟跟不上風的速度，看著烏雲飛往遙遠的前方，所到之處就像遙控灑水器，不斷灌溉著廣大的白色沙漠。

我的身體再度曝曬在閃耀的太陽下；忽冷忽熱的氣候，讓我的低血糖症開始發作。先是一陣暈眩無力，接著便惱怒自己好好的日子不過，怎麼會來參加一百七十公里 non-stop 比賽？

我想起台灣的朋友正悠閒的生活，吃著烤肉大餐，躺在沙發上看電影，吹冷氣，喝飲料；我愛他們，也好恨他們，而我幹嘛要讓自己受這樣的苦？我開始矛盾的跟自己拔河。

順著U字形沙丘往上跑，迎風面多是開闊的緩坡，細細的白沙被風揚起，像輕柔的白紗在地面飄拂。背風面多為陡壁，棱角分明、形狀奇特如新月形、金字塔形、蜂窩形、格狀、拋物線形，爬上跑下讓我疲憊不堪，我搖頭晃腦攀爬的來到丘頂，終於可以好好俯瞰所有視野，搞清楚這地形是怎麼一回事。

記得從聖路易斯乘坐小飛機過來時，飛經沙漠上空，憑窗俯瞰，領略了這一獨特景觀的全貌，上千個沙丘與湖泊相並肩排列，連成浩瀚一片，宛如一條條散開的巨大白色床單當空飄舞。此刻，我正置身其中。

「哇！」我讚嘆著，摘下墨鏡，無法相信眼前的景象，剛剛的降雨，已經在這片沙漠上營造出數以

千湖沙漠，變幻莫測，美得令人忘我，連跑者也褪盡疲憊。

千計，大大小小的池塘。小的好似水塘，大的有如湖泊，白色的沙，藍色的水，讓我不知是身處沙漠中，還是海灘邊？

沙漠的沙粒極細，滲透性很弱，湖水因湖底水草顏色和陽光折射周圍植被等緣故，呈現不同的色澤。晶瑩剔透的湖水點綴其間，寶石般令人心醉，這就是沙丘之海景觀，是世界上最美麗獨特的風景之一。

美景當前，我已忘了身上的疲累與疼痛，展開手臂，歡欣地跑著。

重返競賽狀態

這時，GPS手錶傳來「滴～～」聲，指示軌跡再度出現，它終於回復正常了！

雖然我弄不懂為何會這樣，至少現在可以全力往終點前進了。我與法國選手道別擊掌超前後，終於重新回到競賽狀態。

受限於沙丘與湖泊地形，主辦單位的吉普車載運補給貨物可能會因顛簸而翻車，無法深入沙漠，前往CP3是最遙遠的距離，要七十七公里才有補給站。我的水壺就快見底，再不趕緊補充水分，我一定會有脫水的危險，於是，我決定脫離定位方向，爬上沙丘尋找乾淨水源。

最後，我懷著疑慮來到一座沙丘下的背風面池塘。它看似乾淨，但經我雙腳一踩，移動手掌潑水時，汙泥與雜草藤蔓攪動，馬上變成泥沙混濁的灰黑色。我小心翼翼，跪著將瓶子淺淺的下壓，只撈表層較乾淨的水。

看著水慢慢流入瓶內，裝滿一千五百毫升，水裡勢必有許多看不見的細菌與雜質，於是，我拿出急救包裡的碘片，丟了兩顆到水瓶中，我得等一小時，碘片才能發揮效用，讓瓶內的水消毒，成為可供使用的淨水。但是，此刻口渴得快要發瘋，我只好藉由撈取第二瓶水以轉移注意力。

我不想浪費太多時間。於是，裝好後，再度跑回正確方位。看了看手錶，時間已經過了四十分鐘；從出發到現在，已經過了二十一小時。通常這時候我已經飢腸轆轆，但現在食物已經對我不具吸引力，此刻我只渴望喝水。

打開水瓶，我終於喝到水了。像泥土與鐵，又有優碘的味道，說不上來的怪異感覺。不過，只要能夠延續生命與心跳，便已足夠。好難想像《天生就會跑》（Born To Run）一書中所提到，住在墨西哥西北部荒野銅峽谷中的塔拉烏瑪拉人（Tarahumara）為何只吃少許東西與水就可以跑上好幾天，真是令人百思不得其解。

左方天空出現一隻水鳥，不斷盤旋，接著轉換方向向我飛來，隨即又振翅高飛。「哇！真美！」我心裡

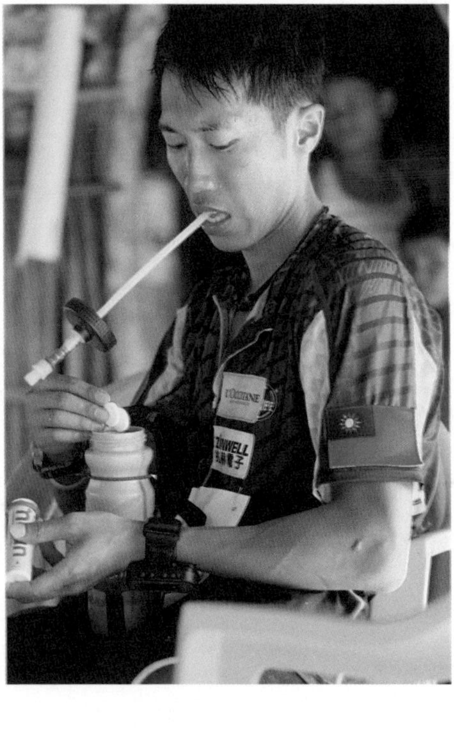

才讚美著。沒想到，牠從大老遠俯衝過來，愈飛愈低，愈飛愈低！牠要撞上來了。不！牠真的要撞上來了！我還來不及反應，牠就要高速撞上我的頭。

「夭壽喔！」我軟腳得趕緊彎下身子，才躲過一劫。搞不清楚怎麼回事時，我在一旁的藤蔓裡看到幾顆蛋，這才知道，雨季之後，池塘與湖泊成為魚、螃蟹、蛤蜊和鳥類的棲息地。這隻鳥應該是為了保護自己的孩子，以攻擊嚇阻入侵者。

現在，我除了跑超級馬拉松，還得要預防鳥類像高速戰鬥機的攻擊，左閃、又跳、上爬、下衝，又要小心不要踩到鳥蛋與其他生物。

「耶……不會吧……」

才剛逃離鳥類的疆域，前方卻出現長約一百公尺的大河，而標示的紅白緞帶就綁在河流正中間，示意要選手穿越。

我死命的以自由式、蛙式交替並進，心想：「這比賽還真是夠硬，主辦單位是想整我們嗎？」上岸後，防水袋被劃破，營養棒已經沾染汙泥。沒辦法，我也只

能認命地吃下肚。

下午五點鐘，我終於抵達CP3，月亮村（moon village），漫無邊際的荒野沙漠中，孤零零地，有兩個小小的沙漠綠洲，分別居住幾十戶人家，至今過著採摘、放牧、遠離塵俗的田園生活。傳說中，小村落裡有些居民因皮膚缺乏色素而怕見陽光，所以，總是在月光下幹活。所以被稱為「月亮人」。

在CP3補給完成，慢慢離開這村落後，我再度回到沙漠中。感覺已經跑了好久，好幾天了。周遭一如既往，恆久不變，在前後無人的情況下，一種奇妙的感覺油然而生，儘管我未曾來過這裡，這一切熟悉親暱，有如故交。

我是沙子、是水、是風、是綠葉，我之於這沙漠微不足道；但是，它們是我的一切，上帝偏愛這裡，似乎把天地間的一切都給了它。

我看著前方天色漸暗，美得令人屏息。隨之而來的是靜寂，那種絕對靜寂充滿力量，好像孕育著一切，包容萬物，此刻，儘管身體疲憊，我仍覺得我是全世界最幸福的人。

月亮村遺世而獨立，有屬於自己的生活步調。

轉身跑回沙漠，置身於孤寂與美，我是全世界最幸福的跑者。

29

跑，是為了追尋美與孤寂

「God！好恐怖的味道……」小便時我差點沒嚇著自己，尿液變成橘紅色，帶著一股恐怖的騷味。

儘管身體與心理到達負荷的極限，但經過了一百四十公里，我竟然能夠繼續跑下去，連自己都覺得不可思議，距離終點，也只剩最後三十公里而已了。

對於如此靜謐與美麗的路途我感到驚喜；但隨著時間過去，陽光不再耀眼，慢慢地下沉，跑速遠追不及日落的速度，陽光最後消失在沙漠的地平線，來無影去無蹤。天色再度轉黑，一進入黑夜，憂鬱和恐懼在我身體裡逐漸擴散，直逼大腦。我只能再度戴上頭燈應戰，深怕再度迷路。

沒多久，黑暗再度籠罩我。我回頭看，是否會有一絲燈光，代表有其他選手可能在我後頭追趕，我願意等他們一同前進。但是，四周一片漆黑，風聲吹起沙子嘎嘎作響，我又陷入黑暗中，孤單一人。

雖然在這黑暗的沙漠中有其他選手結伴，比較不孤單，也比較好互相照應；但是，我來參加比賽，不就是要告訴自己：我不害怕孤單與黑夜，不害怕這些恐懼，在每一次超馬賽事，要一次比一次更加勇敢、更加堅強嗎？

於是，我漸漸領悟，如果我老是黏著其他人，我就辦不到這點。

也就是說，對於現在離開三位法國選手，獨自一人的我來說，才是我真正希望的樣子，屬於我的地方，獨自一人，這是一個狀態，一個空間，讓我真正做自己。我用五官去感受這黑暗，這浩瀚遼闊的地域，在夜晚中的極端孤獨轉變成這種感受，孤獨不再是一個小空間，而是全世界。現在，我正獨自一人，處於這孤單的世界中。

月亮高懸天邊，時而在雲層間若隱若現，只能靠光線微弱的頭燈摸黑前進，甚至有時搞不清楚是跑在沙丘上，還是平路地形，只能用腳去感受當下的狀態。

有時候跑下沙丘，聽見拍打的水聲，卻漆黑得看不著前方。我很緊張，是要經過池塘？還是渡河？有多深？無法從而得之。不下水，繼續跑在沙丘上繞路反而偏離了方向，而且愈來愈遠，這種無法推斷前方狀況的不確定感，實在非常折磨人；時時刻刻都戰戰兢兢，無法鬆懈。直到下了一個沙丘，我的膝蓋再度入水，便放慢速度慢慢前進，深怕「咚！」一聲突然滅頂。

就這樣，不斷上上下下過了好一陣子。突然間，我好似看到了有雙綠色的眼睛，而後，變成三、四隻，地上有幾條抓痕，心想不會是鱷魚吧！身旁突然「哞」一聲，我嚇到往左邊一踩踩到幾坨軟軟的東西差點滑倒。頭燈一照，原來綠色的眼睛都是野生的牛。終於鬆了一口氣。且慢，那我剛剛踩到的那幾坨，不就是屎！噗哈哈！我笑了出來：「陳彥博你剛剛踩到屎了耶，你好笨，哈哈哈！」

我是樂觀的人，即使在這環境下也能夠自得其樂，我相信，快樂只能從心內尋得，並不在於你身處的地方。

每跑一步，骨頭關節處隱隱作痛，低血糖症已經讓我全身無力，也許身體已經到達極限了，但距離終點僅剩十六公里，我決定爬上沙丘休息五分鐘，再繼續前進。

（上）比賽地形變化多端，忽為沙漠，忽為湖泊
（下）考驗體能與耐力。

我從裝備包搜出最後一條營養棒，吃完後，暫時緩解飢餓。

「反正就快到了，僅剩的力氣夠我回到終點。」我安慰著自己，便把腳伸直坐在沙丘上不動。而後，我「喀嚓！」關掉頭燈，閉上眼休息。

起初我還感到害怕，頓時，一切安靜下來，耳邊的颼颼風聲、呼吸聲、怦怦心跳聲，是如此明顯。雖然一片漆黑，連自己的身體都看不到，但我知道自己還活著。而後我睜開眼，天上滿天星斗，閃耀如鑽，我已經習慣了周遭的環境，已經不再害怕黑夜了。

我要做的事情很簡單，就是繼續跑下去。複雜的人生在這裡變得簡單而純粹，沒有理論、沒有規則、沒有絕對，我漸漸領悟，當我不把時間都花在煩惱、悲傷、挫折、失敗中，而以全部的心力跑著，專注於眼前，當下的事情，反而能將心理上的痛苦逐漸退去。

我已經不在乎名次，誰第一，誰是最後一名，都與我無關。現在，我只想好好享受奔馳在這孤寂的黑夜中，永久留住每一刻。一切都不重要了，這裡什麼都沒有，只有純粹的美，一種寂靜又純粹的美。

一股融入大自然的安寧與愜意油然而生，最深層的心靈被萬物所召喚，帶著虔誠與感謝由內而外散發出來。此刻，我無所求，我不渴、不餓、不痛、不寂寞、不絕望，在無求中擁抱心靈的富足和快樂，體會遼闊與自在。不論這一生的名利權勢有多高，最後還是黃土一坏；如果能心無所求，身心也能夠得到自在與安定。

「潘老師，謝謝您教育我、訓練我，讓我有這體能去挑戰各個極地。潘老師，謝謝您……」

「媽媽，謝謝您辛苦的把我生下來，讓我看見這世界的美，但願有機會能帶您看見我眼中的一切……」

淚水奪眶而下，我竟然開口和自己說話了，無法控制自己，原來跑在寂靜大自然中可以這

此刻，我無所求，
不渴、不餓、不痛、不寂寞、不絕望！

麼深入的看見自己。它深深影響一個人，改變一個人的視野、也可以改變一個人對於時間與空間的感知，不斷奔向自由，體會原始生活的簡約樸實，也讓我看見人類與自己在都市的醜陋，文明的驕傲與偏見、貪婪。

大自然是絕佳的試煉舞台，你必須接受萬物的洗禮，完全的孤寂與自由，容許任何一切，憂鬱、悲傷、狂或喜。我不屬於任何宗教信仰，大自然就是我的殿堂，我感到渺小，無足輕重，微不足道，感到宇宙的遼闊，在大自然中學習謙卑。這是種美妙的感覺，這世界變得廣闊，也更加微妙。

目光所及，夜晚星空成為我不朽的羅盤；滿天星斗豐富了我。

當數不盡的沙丘不斷阻隔GPS前進的指標，我便用星象定位，鎖定方向，看著星空前進。我想要感謝的臉孔一一出現在天邊。然而，我想起了皮皮，一股悲傷與愧疚感讓我感到難過，皮皮的離開會不會是因為我沒有好好照顧他？是不是寒流來時我沒有幫皮皮換保暖的床，沒有讓他吃營養的東西，常常讓皮皮孤單在家？

我好自責，好想……好想再度抱抱皮皮，跟皮皮說聲對不起……都過兩年了，即使在沙漠中，我都還能夠永遠記得皮皮的氣味。皮皮死後去了哪兒了呢？是否真的到了動物世界的天堂？有許多貓狗陪伴？或是化做另外一個形體？

我看見星空出現皮皮的臉，好像在對我笑著，彷彿他也看見我。我知道，皮皮原諒我了。在月光中，一遍又一遍進入內心深處的痛苦回憶，因淨化情感的悲傷而掉淚，然後修補、復原，重拾快樂。

這場比賽沒有輸贏，只有無盡的思念……

30 如果成功只要多一點努力，就不該有放棄的選項

前方終於看到一絲絲燈光，距離終點剩不到八公里了，我興奮得拍手大叫。進入最後一段的迷宮地形，必須穿越叢林與溪流，我一頭跑進去。沒多久，猝不及防，皮肉已被許多野草劃出一條條的血跡，留下許多疤痕。

我跑著跑著，最後終於跑進終點，看著身上的疤痕，竟然覺得很性感。

主辦單位公布，第一名的地主選手巴西 Leonardo 以二十六小時成為冠軍。我以三十三小時十八分獲得第二名，而法國選手以三十八小時獲得第三名。我不禁笑了。很難想像，原本我已決心放棄這場比賽，沒想到，現在竟然完成比賽，站在終點線上。這才領悟，如果成功只是多努力一點便可以達成，那就不該有放棄這個選項。

沒有任何獎勵可以比得上終點的冰可樂，與各國選手慶功宴的冰涼啤酒。我一口飲下，痛快！每位選手身上都被曬得通紅，而大家則是看著我笑說：「Tommy，你穿了黑絲襪啦！」

原來我是最慘的選手，腿上的膚色變成一黑一白，過沒幾天全身都開始脫皮，我自比金蟬脫殼，用全身的傷痛換一個全新的自己。

我想，真正重要的，是始終如一的態度。無關身上的裝備，無關速度，甚至連成績名次都無關；真正重要的，是置身荒野大自然之中的感受，跑向百公里以上的旅程。不為別的，單純親眼見證穿越沙漠、雪白極地、河流溪谷、高山岩石、日出日落，經歷那強烈震撼的大自然洗禮；讚頌生物的多樣性，也讚頌了探險，當跑過一個又一個國家，深刻回憶與無限感觸，心中抹不去那份雲彩，追尋那無悔的忠貞，帶著感恩的心離開，沒有什麼可以留著，唯有靈魂跟著你走入下一段旅程，無論是多彩的、斑爛的、歷史的、古老的、或是現代的，那些在真實中的穿梭比較，在記憶中產生聯想，一切一切都將變得具體而生動。

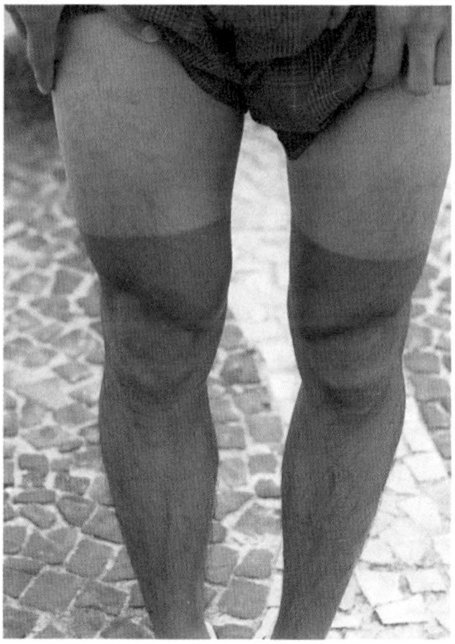

看見了嗎？比賽結束後，我的雙腿變成「黑絲襪」。

終點線，是離別的到來、豐收的時刻，也是對未來的期盼。

從來沒有人告訴我，路該怎麼走，怎麼做才是對的。不過，我深信，未來將會比過去更精采，這精采，來自於決定冒險的旅程，一個不後悔的人生。

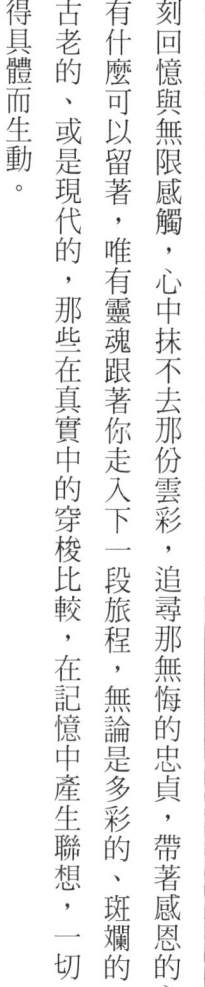

完成巴西這一站，緊接著兩個月後，我將前往西班牙備戰，也將迎接世界七大洲八大站超級馬拉松賽的結尾，那將是二〇一三年最後兩場，也是世界極地最艱難的賽事之一：最低溫紀錄達攝氏零下六十二度的加拿大育空七百公里極地超馬橫越賽，與最終站：澳洲五百二十公里內陸分站超馬賽。

我想，夢想本身就是一個過程，它的美好不會因為失敗而被削弱。夢想是一個持續向前的過程，是一種動態，它吸引人改變自己去熱烈追求；而追求的代價，就是堅持的跑下去。

是的，我將繼續，堅持跑下去……

TAIWAN
ZINWELL
兆赫電子
13
WWW.TENDAO-RUN.CO

親情對話：每次追夢，都是一場親情的極限挑戰

陳彥博，是民眾所熟悉的台灣之光，他不僅贏得多個極地馬拉松比賽獎項，其中包括世界四大極地超馬賽總冠軍。更令人印象深刻的是，他往往是比賽裡年紀最輕，身材最瘦小，一個人孤零零，帶著辛苦募集來的拮据經費，努力說著用心練習的英語，勇闖極地挑戰的台灣選手。

在孤寂的雪地裡，在嚴峻的高山上，在荒蕪一片的沙漠中，不管考驗多麼艱巨，陳彥博從未放棄，總是努力想辦法克服困難，跑到終點。

二〇一九年五月底上映的紀錄片《出發》，呈現了陳彥博這十年來築夢的過程。夢想發光的背後，有著無數次驚心動魄的生死掙扎與領悟。這一路走來，陳彥博最大的支持動力，除了激勵他成為田徑選手，並帶給他莫大影響的成淵高中田徑隊教練潘瑞根之外，就是他最珍惜的家人。

本書特別收錄了由《親子天下》專訪，陳彥博與父母之間的對談，讓讀者一探陳家人十多年來共同走過的冒險歷程。

陳彥博的父親陳彬，是個手法俐落的整脊高手，他談起三個兒子，小時候都很難帶，「會鑽來鑽去，跑來跑去，飛簷走壁。因為他們體力好，我就讓他們去運動，想消耗他們體力，沒想到愈運動體力愈好，愈活潑。」

陳彬原本希望三個兒子長大都能當老師，結果卻各自走上不同的道路。大兒子成為整脊師，老二創立了前衛的音樂工作室，最小的兒子陳彥博，則成了極地超級馬拉松的頂尖選手。

陳彥博的媽媽至今仍心疼兒子每次出門比賽，身上都帶回傷痕累累的勳章，對於孩子每次比賽都在一般人幾乎無法抵達的危險之境，她不只一次因為兒子的安危哭倒在電腦前，除了不捨，還有更多的不理解。

這十多年來，對陳彥博來說，不只是一場夢想的極地冒險，對於他和家人而言，更是一場親情的極限挑戰。以下為對談精華摘要：

Q 在《出發》這部紀錄片中，爸爸在戈壁沙漠遠遠看到彥博跑回來，大聲吹起口哨那一幕，實在很催淚，你們能不能談談那一刻的心情？口哨聲是不是有特別的意義？

彥博 小時候爸爸帶我們去溜冰場，只要我們領先時，他就會吹口哨；或是過年的時候，我們在田裡面玩耍，到了吃飯時間，爸爸就會吹口哨叫我們回去吃飯。當我在戈壁沙漠終點線上聽到爸爸的口哨聲時，心情非常激動，沒想到爸媽真的來了！因為他們原本不支持我走這條路，每次過年，長輩鄰居朋友問起，我都可以明顯感受到我父母不想讓自己的孩子當運動員。

在台灣的環境裡，從事體育似乎不能讓爸媽感到驕傲。所以，當我聽到爸爸在終點線吹起口哨聲的時候，真的是打到我心裡面。雖然這場比賽沒有比好，發生熱衰竭，但是看到他們來，看到大會幫我們在終點線拍下的合照，這張照片比獎牌還要重要。

父親 我在終點線遠遠看到他回來的那一刻，心情很激動。去終點線的前一天，我看到他熱衰竭的照片，感覺很可怕，因為他有生命的危險。我不敢跟太太講，就跑到廁所哭。後來太太也知道了，太太在外面哭，我在裡面哭。

隔天一大早，我們坐吉普車進去沙漠，天空一邊是紅的，一邊是黃的。因為沙塵暴，走路都會吃到沙，彥博還熱衰竭，這怎麼辦？我們到了魔鬼城下車，在終點線等待彥博，我左盼右盼，東走西走，等了六個多小時，心裡真的很煩！他到底有沒有發生危險？能不能跑得完？最後我跑到一座小山丘上，看到S型的路上，很遠很遠的地方有一個小點，因為彥博從小跑步姿勢就很特別，我就一直看這個小點，慢慢變大，看到那個姿勢，我確定是彥博！眼淚就流下來了。我開始吹口哨，第一聲～第二聲～第三聲～就看到他跑進來了，我和太太趕緊擁抱他。你看，我們有多煎熬！

Q 爸媽一開始好像並不希望彥博當運動員，為什麼會到終點線迎接他？

父親 小時候我鼓勵他們三兄弟運動，他們體育成績都很好，我也常帶他們參加直排輪比賽，全台灣到處跑，我們的工作都放著，只要有直排輪比賽，我們都全程參與。國中畢業時，彥博因為國中老師推薦，去考了成淵高中，潘瑞根教練教得很好，我們就很少參與。後來因為潘教練的影響，他就走上了田徑這條路。

彥博過去一直抱怨我們沒鼓勵他，給他潑冷水，都沒有去看他比賽。其實，他的每一場比賽都很危險，什麼南極、北極、喜馬拉雅山的，我們幾乎都沒有辦法到達。上次中國比較近，所以想去給他驚喜一下。

彥博和兩位哥哥小時候都是直排輪好手。

Q 跑極地馬拉松經常要面臨身體上非常大的痛苦，你忍著這些痛苦也要追尋的夢想，究竟是什麼？

彥博 應該是過程中的那種快樂吧！因為在準備這些事情的過程中，會很深刻的認同自己、肯定自己。每個人對快樂的定義不同，有些人的快樂可能是吃美食，有些人的快樂可能是在跑步中感覺到身體的舒適。每個人追求快樂的程度不同，對我來說，沒有任何事情比跑步還快樂。當你用雙腳橫越整個沙漠，看到一望無際的星空，就很快樂。

Q 彥博說跑極地馬拉松的過程很快樂，雖然身體上很痛苦，媽媽有什麼看法？

母親 他很快樂，我很痛苦。他和林義傑去北極跑二十一天，我們就開始看資料，看Discovery頻道，看到有人凍傷，腳指頭就沒了，有的連生命也沒了，真的很擔心，但是他們已經成行了，也沒辦法。我最心疼的那一幕，就是我們去機場接他，看到他從機場走出來的時候，整個臉都凍傷，很慘。但總算回來了，我就放心了。

回來之後，他每天放學就關在房間裡面，我當時以為他很乖，每天放學回來都在家裡讀書，也不敢去打擾他，後來才知道他是在房間裡計畫五年內跑七大洲八大站。那時很擔心，因為前面幾站都是他一個人出去。那時候他英文又不是很好，出去要怎麼溝通？真的很想拿繩子把他綁起來，不想讓他出去。但他都安排好了，你能不給他去嗎？真的是放也不行，抓也不行，他都沒辦法體會媽媽的心。

Q 彥博你講一下，以後如果你的孩子為了追求夢想，要去做一件你很不放心、很危險的事情，你會怎麼做？

彥博 我會支持他。

父親 那是你現在還沒碰到。我們剛帶孩子的時候，孩子高燒不退、感冒、拉肚子、身體不舒服，做父母的會不會難過？等到孩子好不容易長大了，還要看孩子去折磨自己的身體……

Q 爸媽後來學會放手了嗎？還是不得已放手了？

父親 我是不得已，媽媽是學會放手。我現在知道他會自己照顧自己，該怎麼避開危險，他自己懂了。

母親 我是學會放手的。他開始要跑七大洲八大站的時候，我一直很傷心，也很擔心。

彥博 有什麼好傷心的啊？天啊！

母親 因為我兒子要去冒險啊！我一直想，你到底在想什麼？那時候還沒有臉書，只有網站，我就去他的網站看他寫了些什麼。結果看到他寫：「如果生命有結束的一天，我希望是結束在追逐夢想時。」我看了，趴在電腦前哭了好久。「我到底要不要放手？還是支持他去？」我當時很掙扎，後來我慢慢調適，也跟爸爸談，然後去請教潘瑞根老師，努力想要了解彥博。

Q 彥博替我們跑到我們無法到達的地方，帶給我們無法體驗到的體驗。爸媽有沒有從兒子追求夢想的過程中，學到一些東西？

父親 我覺得他已經脫殼，破繭而出了。生死關頭他已經體驗過好幾次，所以我對他已經放心了。我覺得他比較可取的是，他初心不變，每次比賽回來，都會把這些經歷分享給二十幾所學校，打開孩子的世界。我現在要學習他的毅力，他現在比我強，所以我開始在運動了。

母親 我本來沒有運動，因為他，現在我也開始運動。還有一個我從彥博身上學習到的事情，那就是——沒有不可能，只要你願意。他本來英文都不太會講，從北極回來之後，他不只計畫比賽，也自學英文，兩年內就把英文學好，可以自己看國外比賽的英文資料。所以坦白講，雖然我很擔心他，但是我也很驕傲有一個這樣的孩子，可以去影響這麼多學校的學生。但是，我一直在想，他什麼時候可以不要再跑了……

Q 彥博從二十二歲開始跑極地馬拉松，到現在已經有十年了，你學到最寶貴的功課是什麼？

彥博 我學到最重要的事情是，第一，要看見世界。當你看見愈大的世界，你的心會愈大。第二件事情是，要學會去跟所有不同的人相處。這點可能要跟我爸多學習，因為我爸在做整脊的時候，可以看到不同人的各種個性，他都可以相處得很好。第三件事情就是，應該用成年人的心態看待結果，用孩童般的心情去享受過程。

也就是說，對於結果要謹慎，要做各種準備，可是在這過程中還是像個小孩，保有赤子之心。

二十二歲起，彥博就已經開始征戰世界各種環境險惡的極地。

Q 現在有很多人都在追求小確幸，你們覺得夢想跟小確幸有什麼不一樣？

彥博 小確幸就比如在我們訓練得很累的時候，突然間有杯冰水可以喝，這是小確幸。但是夢想是，你所想的，你所盼望的，你所做的，都是為了它。

母親 小確幸就是，有時候彥博會給我一些意想不到的驚喜。有一天我跟爸爸都不在家裡，回來的時候，房間裡居然擺了兩台新的腳踏車。因為彥博說我們都沒有運動，所以他就幫我們兩人買了新的腳踏車，還寫了卡片，我們感動到不行！這個已經不只是小確幸，真的是大驚喜。

父親 我的小確幸就是他比賽回來，我去機場接機，看他健健康康走出來的那一剎那。

兒子能夠平安歸來，就是爸媽最大的小確幸。

賽事年表：世界七大洲八大站極地超馬賽事

2008年

4月　磁北極六百公里大挑戰　第三名　創下歷屆最年輕成功挑戰完賽紀錄

2009年

6月10日　生日訂下五年內挑戰世界七大洲八大站超級馬拉松賽

2010年

第一站　11月　喜馬拉雅山一百六十公里五天分站賽　第四名

2011年

第二站　4月　北極點四十二．一九五公里馬拉松賽　第三名

第三站　10月　南極洲一百公里挑戰賽　第二名　首位亞洲選手完賽

1月　最愛的朋友與家人　皮皮過世

6月　咽喉癌開刀、住院

2012 年

6 月　希臘奧林匹斯馬拉松　移地訓練賽

9 月　澳洲 Kimberley 一百公里　移地訓練賽

第四站　10 月　南非喀拉哈里沙漠二百五十公里超馬賽　第三名

2013 年

第五站　5 月　南美洲巴西一百七十公里 non-stop 超馬賽　第二名

第六站　7 月　歐洲西班牙洛哈二百三十五公里超馬山徑賽　第四名

第七站　2 月　加拿大育空七百公里極地超馬橫越賽　第三名

亞洲第一位成功完賽、創下歷屆最年輕完賽紀錄

第八站　5 月　澳洲五百二十公里內陸超馬橫越賽　第二名

創下最年輕完賽紀錄

賽事年表：圓夢之後，跑向總冠軍之路

2014年

6月　南美洲玻利維亞一百七十公里高原超馬賽　總冠軍

個人首座超馬賽總冠軍

2015年

7月　挪威一百六十公里 non-stop 超馬賽　第二名

9月　美國大峽谷兩百七十三公里超馬賽　總冠軍

12月　非洲布吉納法索兩百一十三公里沙漠超馬賽　總冠軍

2016年

5月　撒哈拉沙漠兩百五十公里超馬賽　第二名

2017 年

6月　中國戈壁沙漠兩百五十公里超馬賽　第五名

10月　智利阿他加馬沙漠兩百五十公里超馬賽　總冠軍

11月　南極洲兩百五十公里超馬賽　第二名

四大極地大滿貫賽　總冠軍　首位亞洲總冠軍

2018 年

6月　秘魯亞馬遜叢林兩百三十公里冒險賽　第三名

9月　義大利巨人之旅三百三十公里 non-stop 超馬賽

一〇六小時負傷完賽

6月　不丹兩百公里高山超馬賽　總冠軍

8月　冰島冰與火兩百五十公里超馬賽　總冠軍

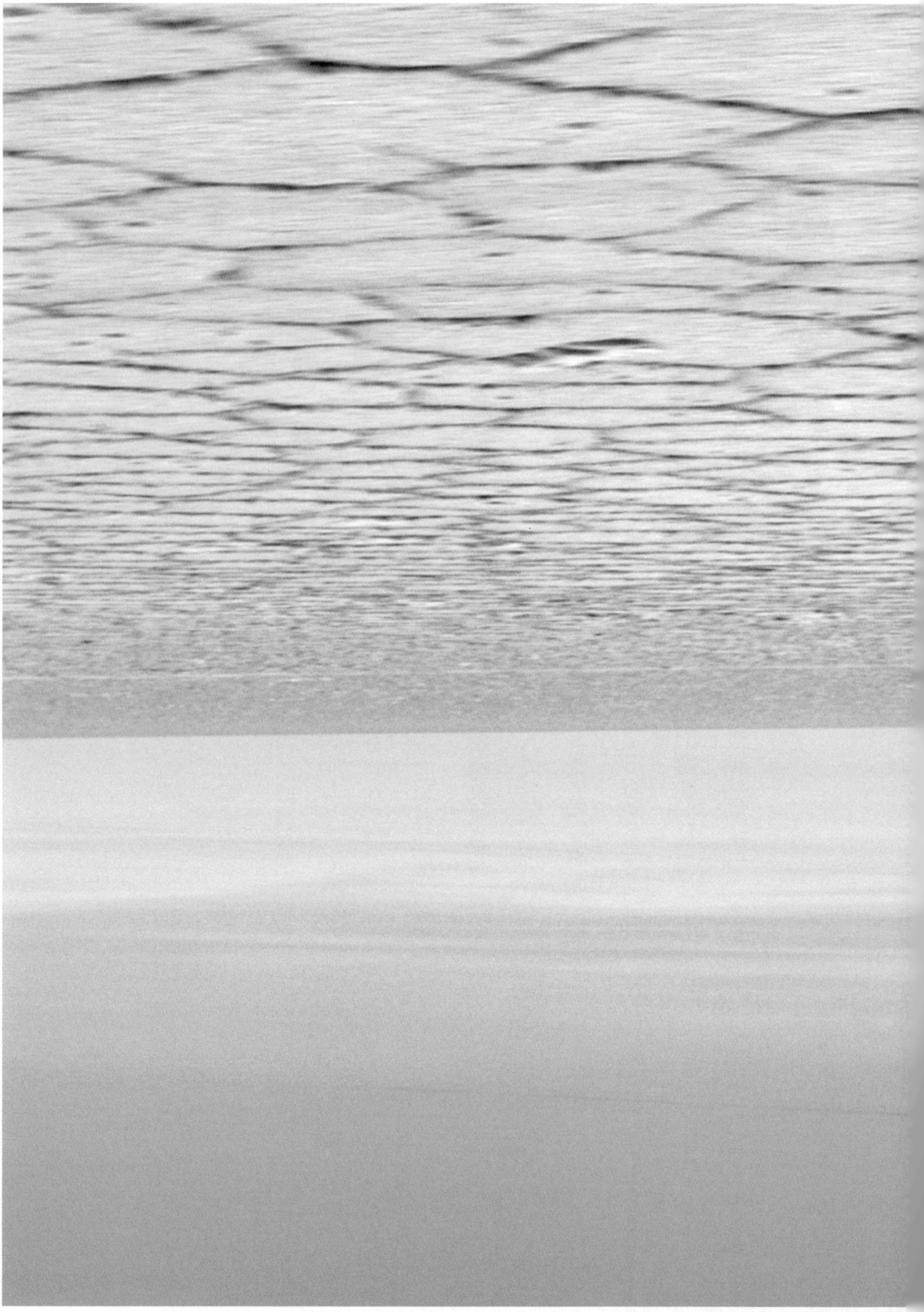

生命故事館 008

夢想零極限（超越自我增訂版）
極地超馬選手陳彥博的熱血人生

作　　者｜陳彥博
責任編輯｜楊逸竹、陳佳聖
校　　對｜魏秋綢
美術設計｜東喜設計
內頁排版｜張靜怡
行銷企劃｜林育菁

發 行 人｜殷允芃
創辦人兼執行長｜何琦瑜
總 經 理｜游玉雪　總編輯｜陳雅慧
總　　監｜李佩芬
副 總 監｜陳珮雯
資深編輯｜陳瑩慈
資深企劃編輯｜楊逸竹
企劃編輯｜林胤孝、蔡川惠
版權專員｜何晨瑋、黃微真

出 版 者｜親子天下股份有限公司
地　　址｜台北市 104 建國北路一段 96 號 4 樓
電　　話｜(02) 2509-2800　傳真｜(02) 2509-2462
網　　址｜www.parenting.com.tw
讀者服務專線｜(02) 2662-0332　週一～週五：09:00~17:30
讀者服務傳真｜(02) 2662-6048　客服信箱｜bill@cw.com.tw

法律顧問｜台英國際商務法律事務所・羅明通律師
製版印刷｜中原造像股份有限公司
總 經 銷｜大和圖書有限公司　電話：(02) 8990-2588

出版日期｜2014 年 1 月第一版第一次印行
2019 年 5 月第二版第一次印行
2021 年 7 月第二版第二次印行
定　　價｜399 元
書　　號｜BKEES008P
I S B N｜978-957-503-429-0（平裝）

訂購服務
親子天下 Shopping｜shopping.parenting.com.tw
海外・大量訂購｜parenting@cw.com.tw
書香花園｜台北市建國北路二段 6 巷 11 號　電話 (02) 2506-1635
劃撥帳號｜50331356 親子天下股份有限公司

國家圖書館出版品預行編目 (CIP) 資料

夢想零極限：極地超馬選手陳彥博的熱血人生 / 陳彥博著 .
-- 第二版 . -- 臺北市：親子天下，2019.06
272 面；17×23 公分 . --（生命故事館；8）
ISBN 978-957-503-429-0（平裝）

1. 陳彥博　2. 台灣傳記　3. 馬拉松賽跑

783.3886　108007812